中华会计函授学校教材

财务管理习题

（修订版）

王少泽　主编

中国财政经济出版社

图书在版编目（CIP）数据

财务管理习题/王少泽主编．—修订版．—北京：中国财政经济出版社，2008.2

中华会计函授学校教材

ISBN 978－7－5095－0491－8

Ⅰ．财…　Ⅱ．王…　Ⅲ．财务管理－函授学校－习题　Ⅳ．F275－44

中国版本图书馆 CIP 数据核字（2008）第 017133 号

中国财政经济出版社出版

URL：http：//ckfz. cfeph. cn

E－mail：ckfz @ cfeph. cn

社址：北京市海淀区阜成路甲 28 号　邮政编码：100036

发行处电话：88190406　财经书店电话：64033436

三河市杨庄长鸣印刷装订厂印刷　各地新华书店经销

850×1168 毫米　32 开　9 印张　210 000 字

2008 年 2 月第 2 版　2013 年 9 月河北第 6 次印刷

印数：21 101 － 24 110　定价：21.00 元

ISBN 978-7-5095-0491-8/F·0413

中华会计函授学校教材编委会

出版说明

2005年我们对中华会计函授学校教材进行了重新规划，组织编写了《基础会计》、《企业会计》、《成本会计》、《财务管理》、《经济法基础知识》、《金融基础知识》、《审计基础知识》、《会计实务操作》8门主要课程教材及相应的教学指导书。经过两年的使用，取得了满意的效果。

近年来，随着《企业会计准则》、《企业会计准则应用指南》、《中国注册会计师执业准则指南》、《中华人民共和国企业所得税法》、《中华人民共和国企业所得税法实施细则》、《中华人民共和国物权法》等法规、制度的相继发布实施，这批教材急需修订。

本次修订由中华会计函授学校委托浙江省中华会计函授学校和河南省中华会计函授学校承担主要任务，由中华会计函授学校教材编写委员会组织审定。本次修订注重基本概念、基本理论、基本业务技能的阐述，并按照新法规、新制度、新准则对教材全面予以修改和补充，对教材中存在的问题也进行了更正。本套教材通俗易懂、简明适用，既能满足职业院校教学需要，又可作为会计岗位人员短期培训、在职财会干部自学之用。

中华会计函授学校教材编写委员会

2008年1月

前言

为进一步适应会计中专学历教育和会计人员继续教育的需要，财政部于 2005 年 7 月在青海省召开了中华会计函授学校“十一五”规划教材编写会议，并于 2007 年 10 月在河南省召开了教材修订会议。会议确定了规划教材的课程设置、教学大纲、编写计划和编写要求等。本书是中华会计函授学校“十一五”规划教材之一，是财务管理的配套习题。

企业需要有人“当家”，“当家”更须善于“理财”。本书在修订过程中仍然按照教材章节顺序进行编写，设有名词解释、填空、单项选择、多项选择、判断、计算与分析、简答等七种题型，并附有参考答案。在编写过程中，作者力求针对成人业余学习的特点，在保持课程体系相对完整的前提下，以《小企业会计制度》为基准，尽量做到深浅适度，突出重点，讲求实用。做到科学性、针对性和实用性的高度统一。我们的目标是在不断总结经验的基础上，逐步形成一套体系完整、内容充实、相对独立、有机结合的具有鲜明特色的教材体系。该书既可作为中华会计函授学校中专教学使用，也可作为财政干部和会计人员继续教育培训教材。

本次修订的主要内容有三点：一是对前期印刷差错作了更正；二是在第二章第 1 节中增加了“预付年金”和“永续年金”；三是对部分语句作了小范围的改动。

本书由河南省三门峡市财经学校高级讲师王少泽担任主编并负责总纂。

本书在编写过程中得到了中国财政经济出版社和河南省中华会计函授学校的大力支持，在此一并表示最诚挚的谢意。

由于作者水平所限，加之时间仓促，书中错漏和谬误在所难免，恳请读者批评指正。

编　者

2008 年 1 月

目　录

第一部分　练　习　题

第一章　财务管理导论

一、名词解释

1. 财务管理

2. 财务管理目标

3. 财务预测

4. 财务决策

5. 财务预算

6. 财务分析

二、填空题

1. 财务管理的基本特征是__________。

2. 根据现代企业财务管理理论和实践，最具代表性的财务管理目标主要有以下几种观点____________、____________、__________。

3. 企业财务活动是以现金收支为主的企业资金收支活动的总称。财务活动具体包括：资金的__________、____________、__________、__________和__________等一系列行为。

4. 企业财务管理的具体目标是指在整体目标的制约下，进行单项财务管理所要达到的目标。财务管理的具体目标包括：__________和__________两项。

5. 财务管理的环节是指财务管理的工作步骤与一般程序。一般来说，企业财务管理包括以下几个环节：______________、__________、__________、__________和__________等。

三、单项选择题

1. 我国财务管理的最优目标是(　　)。

A. 总产值最大化　　B. 利润最大化

C. 股东财富最大化　　D. 企业价值最大化

2. 企业同其所有者之间的财务关系反映的是(　　)。

A. 经营权和所有权关系　　B. 债权债务关系

C. 投资与受资关系　　D. 债务债权关系

3. 企业同其债权人之间的财务关系反映的是(　　)。

A. 经营权和所有权关系　　B. 债权债务关系

C. 投资与受资关系　　D. 债务债权关系

4. 企业同其被投资单位之间的财务关系反映的是(　　)。

A. 经营权和所有权关系　　B. 债权债务关系

C. 投资与受资关系　　D. 债务债权关系

5. 企业同其债务人之间的财务关系反映的是(　　)。

A. 经营权和所有权关系　　B. 债权债务关系

C. 投资与受资关系　　D. 债务债权关系

6. 根据财务目标的多元性，可以把财务目标分为(　　)。

A. 产值最大化目标和利润最大化目标

B. 主导目标和辅助目标

C. 整体目标和分部目标

D. 筹资目标和投资目标

7. 影响企业价值的两个最基本的因素是(　　)。

A. 时间和利润　　B. 利润和成本

C. 风险和报酬　　D. 风险和贴现率

四、多项选择题

1. 企业财务活动包括(　　)。

A. 企业筹资引起的财务活动

B. 企业投资引起的财务活动

C. 企业经营引起的财务活动

D. 企业分配引起的财务活动

E. 企业管理引起的财务活动

2. 企业的财务关系包括(　　)。

A. 企业同其所有人之间的财务关系

B. 企业同其债权人之间的财务关系

C. 企业同其被投资单位之间的财务关系

D. 企业同其债务人之间的财务关系

E. 企业同其税务机关之间的财务关系

3. 根据财务目标的层次性，可把财务目标分成(　　)。

A. 主导目标　　B. 整体目标

C. 分部目标　　D. 辅助目标

E. 具体目标

4. 下列说法正确的有(　　)。

A. 企业的总价值 V_0 与预期的报酬成正比

B. 企业的总价值 V_0 与预期的风险成反比

C. 在风险不变时，报酬越高，企业总价值越大

D. 在报酬不变时，风险越高，企业总价值越大

E. 在风险和报酬达到最佳平衡时，企业的总价值达到最大

5. 财务管理的原则一般包括(　　)。

A. 系统原则　　B. 平衡原则

C. 弹性原则　　D. 比例原则

E. 优化原则

五、判断题

1. 财务管理目标多元性中的所谓主导目标和财务目标层次性中的所谓整体目标，都是指整个企业财务管理工作所要达到的最终目的，是同一事物的不同提法，可以把它们统称为财务管理

的基本目标。（ ）

2. 股东财富最大化是用公司股票的市场价格来计量的。（ ）

3. 因为企业的价值与预期的报酬成正比，与预期的风险成反比，因此企业的价值只有在报酬最大时才能达到最大。（ ）

4. 进行企业财务管理，就是要正确权衡报酬增加与风险增加的得与失，努力实现两者之间的最佳平衡，使企业价值达到最大。（ ）

5. 在市场经济条件下，报酬与风险是成反比的，即报酬越大，风险越小。（ ）

6. 财务活动受外部环境的干扰较重，因此，在财务控制中，最常用的控制方法是反馈控制法。（ ）

六、简答题

1. 简述企业的财务活动。

2. 简述企业的财务关系。

3. 简述企业财务管理的整体目标。

4. 简述企业财务管理的经济环境。

5. 简述企业财务管理的环节。

6. 论述企业价值最大化是财务管理的最优目标。

第二章　财务管理的价值观念

一、名词解释

1. 资金时间价值

2. 复利

3. 复利终值

4. 复利现值

5. 年金

6. 普通年金终值

7. 普通年金现值

8. 即付年金

9. 即付年金终值

10. 即付年金现值

11. 递延年金

12. 递延年金终值

13. 递延年金现值

14. 永续年金

15. 永续年金现值

16. 风险

17. 概率

18. 期望值

19. 离散程度

20. 方差

21. 标准差

22. 标准离差

二、填空题

1. 资金时间价值，是指资金在周转使用过程中，由于时间因素而形成的差额价值，也称为__________。

2. __________是指在规定的期限内只就本金所计算的利息，而对规定的期限内产生的利息不计算利息。

3. 单利终值，是指按单利计算出来的某一特定资金额在一定时期期末的__________。

4. __________是指将以后某一特定时期的资金按单利折算为现在的价值。

5. __________是指在规定的期限内，每期都是以上期末本利和为基数计算的利息。

6. __________是按复利计算的某一特定资金额在一定时期期末时的本利和。

7. __________是指将以后某一特定时期的资金按一定的利

率用复利形式折算的现在价值。

8. ＿＿＿＿＿是指相同的间隔期收到或付出同等数额的款项。

9. 普通年金终值是指每期期末收入或支出等额资金的＿＿＿＿＿。

10. 普通年金现值是指每期期末收入或支出等额资金的＿＿＿＿＿。

11. ＿＿＿＿＿是指从第一期起，在一定时期内每期期初等额收付的系列款项，又称先付年金。它与普通年金的区别仅在于付款时间的不同。

12. ＿＿＿＿＿是指在一定时期内，每期期初等额收付系列款项的复利终值之和。

13. ＿＿＿＿＿是指在一定时期内，每期期初等额收付系列款项的复利现值之和。

14. ＿＿＿＿＿又称延期年金，是指在一定期间内，最初若干期每期期末没有收付款项，而以后若干期每期期末等额收付系列款项的年金。

15. ＿＿＿＿＿是指在一定期间内，最初若干期每期期末没有收付款项，而以后若干期每期期末等额收付系列款项的复利终值之和。

16. ＿＿＿＿＿是指在一定期间内，最初若干期每期期末没有收付款项，而以后若干期每期期末等额收付系列款项的复利现值之和。

17. ＿＿＿＿＿凡无期限地每期等额收付系列款项的年金，称为永续年金或无限支付年金。

18. ＿＿＿＿＿是指无期限地每期等额收付系列款项的复利现值之和。

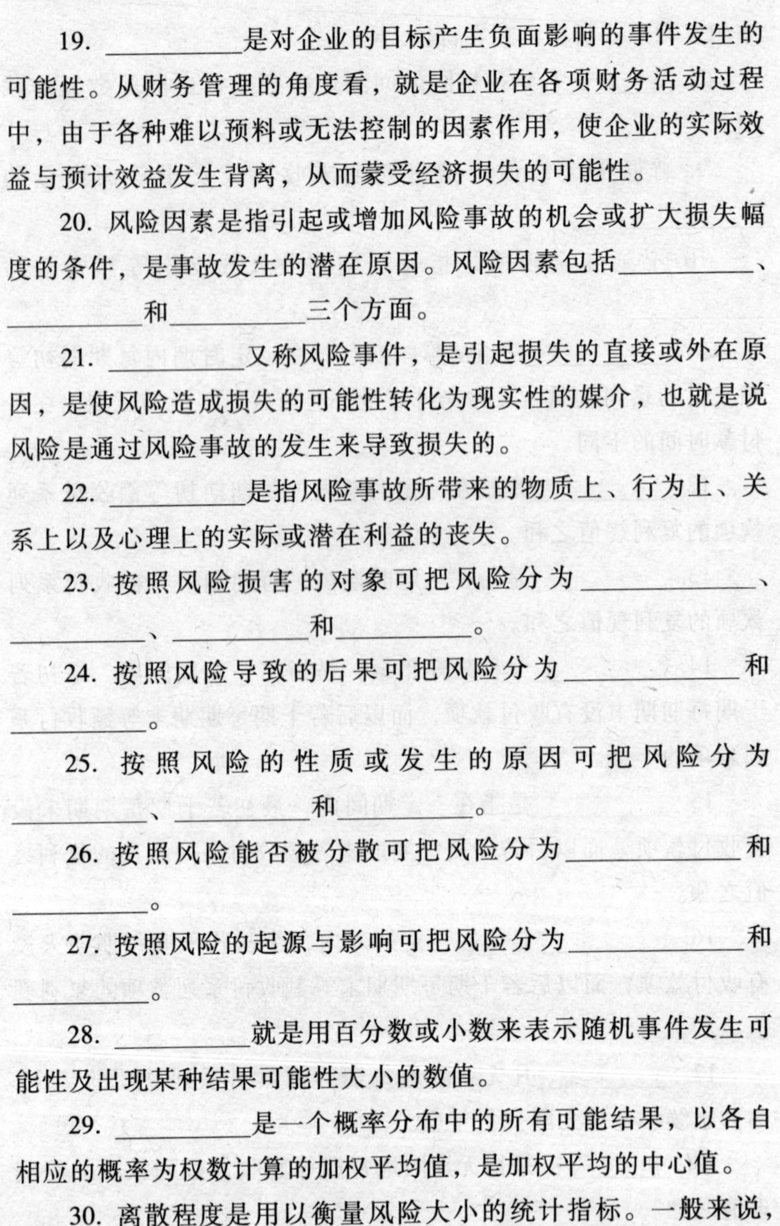

19. ________是对企业的目标产生负面影响的事件发生的可能性。从财务管理的角度看，就是企业在各项财务活动过程中，由于各种难以预料或无法控制的因素作用，使企业的实际效益与预计效益发生背离，从而蒙受经济损失的可能性。

20. 风险因素是指引起或增加风险事故的机会或扩大损失幅度的条件，是事故发生的潜在原因。风险因素包括________、________和________三个方面。

21. ________又称风险事件，是引起损失的直接或外在原因，是使风险造成损失的可能性转化为现实性的媒介，也就是说风险是通过风险事故的发生来导致损失的。

22. ________是指风险事故所带来的物质上、行为上、关系上以及心理上的实际或潜在利益的丧失。

23. 按照风险损害的对象可把风险分为________、________、________和________。

24. 按照风险导致的后果可把风险分为________和________。

25. 按照风险的性质或发生的原因可把风险分为________、________和________。

26. 按照风险能否被分散可把风险分为________和________。

27. 按照风险的起源与影响可把风险分为________和________。

28. ________就是用百分数或小数来表示随机事件发生可能性及出现某种结果可能性大小的数值。

29. ________是一个概率分布中的所有可能结果，以各自相应的概率为权数计算的加权平均值，是加权平均的中心值。

30. 离散程度是用以衡量风险大小的统计指标。一般来说，离散程度越＿＿＿＿＿＿，风险越＿＿＿＿＿＿；离散程度越＿＿＿＿＿＿，风险越＿＿＿＿＿＿。

31. ＿＿＿＿＿＿是用来表示随机变量与期望值之间的离散程度的一个数值。

32. ＿＿＿＿＿＿也叫均方差，是方差的平方根。

33. ＿＿＿＿＿＿是标准离差同期望值之比。

34. 财务管理中的风险对策一般包括＿＿＿＿＿＿、＿＿＿＿＿＿、＿＿＿＿＿＿和＿＿＿＿＿＿四种。

三、单项选择题

1. 从来源看，资金的时间价值是(　　)。

A. 社会资金使用效益的表现

B. 个别资金使用效益的表现

C. 信贷资金使用效益的表现

D. 闲置资金使用效益的表现

2. 企业某新产品开发成功的概率为80%，成功后的投资报酬率为40%；开发失败的概率为20%，失败后的投资报酬率为-100%，则该产品开发方案的预期投资报酬率为(　　)。

A. 18%　　　　B. 20%

C. 12%　　　　D. 40%

3. 关于风险报酬，下列表述不正确的有(　　)。

A. 风险报酬有风险报酬率和风险报酬额两种表示方法

B. 风险越大，获得的风险报酬应该越低

C. 风险报酬率是风险报酬与原投资额的比率

D. 在财务管理中，风险报酬通常用相对数报酬率计算

4. 甲乙两种方案的期望报酬率都是20%，甲的标准差为12%，乙的标准差是15%，下列判断中正确的是(　　)。

A. 甲乙风险相同　　B. 甲比乙风险大

C. 甲比乙风险小　　D. 无法比较

5. 某人拟在 5 年后获得本利和 10 000 元，投资报酬率为 10%，现在应投入(　　)。

A. 6 210　　B. 5 000

C. 4 690　　D. 4 860

6. 影响企业价值的两个最基本因素为(　　)。

A. 时间和利润　　B. 利润和成本

C. 风险和报酬　　D. 风险和贴现率

7. 下列各项中，(　　)称为普通年金。

A. 先付年金　　B. 后付年金

C. 延期年金　　D. 永续年金

8. 从投资人的角度看，下列观点中不能被认同的是(　　)。

A. 有些风险可以分散，有些风险则不能分散

B. 额外的风险要通过额外的收益来补偿

C. 投资分散化是好的事件与不好事件的相互抵消

D. 投资分散化降低了风险，也降低了实际收益

9. 下列因素引起的风险，企业可以通过多角化投资予以分散的是(　　)。

A. 市场利率上升　　B. 经济衰退

C. 技术更新　　D. 通货膨胀

10. 在利息不断资本化的条件下，资金时间价值的计算基础应采用(　　)。

A. 单利　　B. 复利

C. 年金　　D. 普通年金

11. 多个方案相比较，标准离差率越小的方案风险(　　)。

A. 越大　　B. 越小

C. 两者无关　　D. 无法判断

12. 投资者甘愿冒着风险进行投资的诱因是(　　)。

A. 可获得利润　　B. 可获得报酬

C. 可获得社会平均资金利润率　　D. 可获得风险报酬率

四、多项选择题

1. 时间价值在内容上包括(　　)。

A. 由于时间延长从而周转次数增加而带来的差额

B. 由于时间延长从而利息额增加而带来的差额

C. 由于上次周转带来的利润又被重新投入周转而带来的差额

D. 平均资金利润率扣除风险价值率和通货膨胀率等因素后乘以本金的数额

E. 资金所有者从资金使用者手中所获得部分资金增值额

2. 企业的财务风险，是指(　　)。

A. 因借款而增加的风险

B. 筹资决策带来的风险

C. 因销量变动而引起的风险

D. 外部环境变化而引起的风险

3. 影响预期投资报酬率变动的因素有(　　)。

A . 无风险报酬率　　B. 项目的风险大小

C. 风险报酬率的高低　　D. 投资人的偏好

4 . 无风险投资报酬的特征是(　　)。

A . 预期报酬具有不确定性

B. 预期报酬具有确定性

C. 预期报酬与投资时间长短有关

D. 报酬按市场平均收益率衡量

5．在财务管理中衡量风险大小的指数有(　　)。

A．标准离差　　B. 标准离差率

C. β系数　　D. 期望报酬率

6. 一般投资报酬率实质上由(　　)组成。

A. 货币时间价值　　B. 借款利率

C. 额外利润　　D. 现金流入量

E. 风险报酬

7. 关于投资者要求的投资报酬率，下列说法中正确的有(　　)。

A. 风险程度越高，要求的报酬率越低

B. 无风险报酬率越高，要求的报酬率越高

C. 无风险报酬率越低，要求的报酬率越高

D. 它是一种机会成本

8. 风险报酬包括(　　)。

A. 纯利率　　B. 通货膨胀补偿

C. 违约风险报酬　　D. 流动性风险报酬

E. 期限风险报酬

五、判断题

1. 时间价值原理，正确地揭示了不同时点上资金之间的换算关系，是财务决策的基本依据。(　　)

2. 货币的时间价值是由时间创造的，因此，所有的货币都有时间价值。(　　)

3. 只有把货币作为资金投入生产经营才能产生时间价值，即时间价值是在生产经营中产生。(　　)

4. 时间价值的真正来源是工人创造的剩余价值。(　　)

5. 投资报酬率或资金利润率只包含时间价值。(　　)

6. 银行存款利率、贷款利率、各种债券利率、股票的股利率都可以看作是时间价值率。 ( )

7. 在没有风险和通货膨胀的情况下，投资报酬率就是时间价值率。 ( )

8. 复利终值与现值成正比，与计算期数和利率成反比。 ( )

9. 复利现值与终值成正比，与贴现率和计算期数成反比。 ( )

10. 如果把通货膨胀因素抽象掉，投资报酬率就是时间价值和风险报酬率之和。 ( )

11. 标准离差是反映随机变量离散程度的一个指标，但它只能用来比较期望报酬率相同的各项投资的风险程度。 ( )

12. 标准离差率是用标准离差同期望报酬率的比值，即标准离差率。它可以用来比较期望报酬率不同的各项投资的风险程度。 ( )

13. 在两个方案对比时，标准离差越小，说明风险越大；同样，标准离差率越小，说明风险越大。 ( )

14. 无风险报酬率就是加上通货膨胀贴水以后的货币时间价值。 ( )

15. 风险报酬系数是将标准离差率转化为风险报酬的一种系数。 ( )

16. 决定利率高低的因素只有资金的供给与需求两个方面。 ( )

17. 计入利率的通货膨胀率不是过去实际达到的通货膨胀水平，而是未来通货膨胀的预期。 ( )

18. 如果一项资产能迅速转化为现金，说明其变现能力强，流动性好，流动性风险也大。 ( )

六、计算与分析题

1. 某人购入 20××年凭证式国库券 1 000 元，年利率为 14%，期限为 3 年，问到期本利和为多少？请分别按单利和复利计算。

2. 兴和工厂有一笔 123 600 元的资金，准备存入银行，希望在 7 年后利用这笔资金的本利和购买一套生产设备，当时的银行存款利率为复利 10%，该设备的预计价格为 240 000 元。试用数据说明，7 年后兴和工厂能否用这笔款项的本利和购买设备。

3. 某人想在 5 年后得到 10 000 元供孩子上学，当年银行复利利率为 15%，问现在他应存入银行多少钱？

4. 不同经济情况下脉流电脑公司和长城天然气公司的报酬

率及概率分布如表2－1所示。请计算并比较两公司风险的大小。

表2－1 脉流电脑公司和长城天然气公司的报酬率及概率分布

经济情况	发生概率	各种情况下的预期报酬率（%）	
		脉流电脑公司	长城天然气公司
繁荣	0.3	100	20
正常	0.4	15	15
衰退	0.3	－70	10

5. 某公司将100 000元资金存入银行，存期为3年，利率为9%，请问：按复利计算利息是多少？

6. 某公司拟用500 000元投资购买年利率为10%的债券，期限为3年，请问：按复利计算的债券终值应为多少？

7. 某公司准备将暂时闲置的资金一次性存入银行，已备5年后更新50万元设备之用，银行存款年利率为6%，按复利计算该公司目前应该存入多少资金？

8. 某公司拟在今后10年中，每年年末存入银行60 000元，假设银行存款利率为8%，问10年后的本利和是多少？

9. 某公司拟对一项目在今后6年中每年年末投资1 000 000元，去年底的利率为10%，问公司现在存入银行多少资金，才能满足今后各年等额投资的需要？

10. S公司每年年初向银行借款200 000元，年利率为10%，请计算第4年年末应归还的银行借款本息是多少？

11. H 公司融资租入设备一套，在 4 年中每年年初支付租金 50 000 元，年利率为 10%，请计算其 4 年中支付设备租金的现值。

12. K 公司在年初存入一笔资金，存满 5 年后每年年末取出 1 000 元到第 10 年年末取完，假定银行存款利率为 10%，请计算该公司应在最初一次存入银行多少资金？

13. 李先生持有 MN 公司的优先股，每年每股股利为 2 元，李先生准备长期持有，假设在利率为 10% 的情况下，请对该项股票投资进行估价（提示：计算永续年金现值）。

七、简答题

1. 简述年金的概念和种类。

2. 什么是风险？风险由哪些要素构成？

3. 简述风险的种类。

4. 企业针对风险应采取怎样的应对措施？

第三章 筹 资 管 理

一、名词解释

1. 筹资

2. 定性预测法

3. 定量预测法

4. 销售百分比法

5. 预计利润表法

6. 预计资产负债表法

7. 因素分析法

8. 自有资金

9. 法人投资

10. 商业信用

11. 商业汇票

12. 信用条件

13. 附加利率

14. 融资租赁

15. 杠杆租赁

16. 杠杆收购筹资

二、填空题

1. 目前，我国企业筹集资金的方式主要有以下几种：________、________、________、________、________、________、________和________等。

2. 所谓筹集资金的渠道，是指企业取得资金的来源。目前，有以下渠道：________、________、________、________、________和________。

3. 按照资金使用期限的长短，可把企业筹集的资金分为________与________两种。

4. 按照资金的来源渠道不同，可将企业资金分为

__________和__________两大类。

5. 资金需要量预测的基本依据包括：________________和__________两大类。

6. 企业的筹资活动不仅与投资者及债权人的权益有关，而且与整个社会经济秩序紧密相关。为了规范企业筹资行为，国家制定了一系列规定，企业必须严格遵守。这些规定主要包括：__________和__________等。

7. 企业的资金需要量是筹集资金的数量依据，因此，必须科学合理地进行预测。预测资金需要量的方法包括__________和__________两大类。

8. 定量预测法，是以历史资料为依据，采用数学模型进行预测的方法。其优点是预测结果科学而精确，不足的是计算较为复杂而且企业必须具备完整的历史资料。常用的方法有：__________和__________两种。

9. 企业采用吸收直接投资的方式筹集的资金一般可分为以下三类，即：__________、__________和__________。

10. 吸收直接投资中的出资方式，一般包括：__________、__________、__________和__________四种。

11. 借入资金的出资人是企业的债权人，对企业拥有债权，有权要求企业按期还本付息。企业借入资金的筹资方式，又称债权性筹资，主要有：__________、__________、__________、__________和__________等。

12. 利用商业信用，又称商业信用融资，是一种形式多样、适用范围很广的短期资金筹措方式。利用商业信用融资，主要有以下几种形式：__________、__________和__________等。

13. 所谓信用条件是指销货人对付款时间和现金折扣所作的具体规定，如“2/10，1/20，n/30”，便属于一种信用条件。信用条件从总体上来看，主要有以下几种形式：________、________和________三种。

14. 在长期借款中，按照提供借款的机构可分为：________、________和________等。

15. 按照贷款有无抵押品可把贷款分为：________和________两种。

16. 按照借款用途，我国目前金融机构提供的借款可分为________、________、________和________等。

17. 融资租赁又称财务租赁，是区别于经营租赁的一种长期租赁形式，由于它可满足企业对资产的长期需要，故有时也称为资本租赁。融资租赁可细分为以下三种形式：________、________和________。

18. 吸收直接投资是指企业按照“________、________、________和________”的原则，以企业合同、协议等形式直接吸收国家、其他企业、个人和外商等直接投入资金，形成企业自有资金的一种筹资方式。

三、单项选择题

1. 留存收益的所有权属于(　　)。

A. 企业经营者　　B. 普通股股东

C. 债权人　　D. 债务人

2. 当负债资金成本率低于全部资金利润率时，利用负债资金可以(　　)。

A. 提高所有者权益利润率

B. 降低所有者权益利润率

C. 保证所有者权益利润率不变

D. 降低企业财务风险

3. 如果无负债经营，企业的全部资金利润率（息税前）(　　)。

A. 小于企业所有者权益利润率

B. 大于企业所有者权益利润率

C. 等于企业所有者权益利润率

D. 接近于企业所有者权益利润率

4. 财务杠杆系数越大，表明财务杠杆风险(　　)。

A. 越大　　B. 越小

C. 不一定大　　D. 有可能趋小

5. 选择合理资金结构的过程称为(　　)。

A. 资金结构预测　　B. 资金成本预测

C. 资金成本决策　　D. 资金结构决策

6. 与商业信用筹资方式相匹配的筹资渠道是(　　)。

A. 国家财政资金　　B. 民间资金

C. 其他企业资金　　D. 外商资金

7. 下列筹资渠道中，不适用融资租赁筹资方式的是(　　)。

A. 银行信贷资金　　B. 外商资金

C. 非银行金融机构资金　　D. 其他企业资金

8. 下列资金属于自有资金的是(　　)。

A. 应付债券　　B. 应付票据

C. 留存收益　　D. 各种借款

9. 直接筹资同间接筹资相比较，其筹资范围(　　)。

A. 一样　　B. 较窄

C. 较宽　　D. 以具体情况而定

10. 直接筹资同间接筹资相比较，在筹资效率和筹资费用上的不同点是(　　)。

A. 效率低、费用高　　B. 效率高、费用低

C. 效率低、费用低　　D. 效率高、费用高

11. 下列资金需要量预测方法中，属于定性预测法的是(　　)。

A. 预计损益表　　B. 专家意见法

C. 销售百分比法　　D. 预计资产负债表法

12. 在预计资产负债表中，(　　)不属于敏感项目。

A. 固定资产净值　　B. 存货

C. 对外投资　　D. 应付账款

13. 在预计资产负债表中，(　　)属于敏感项目。

A. 固定资产净值　　B. 实收资本

C. 长期负债　　D. 短期借款

14. 运用预计资产负债表，要选定与(　　)有固定比例关系的项目，这种项目称为敏感项目。

A. 成本　　B. 利润

C. 销售　　D. 税金

15. 在业务量、资金周转速度、实物占有数量一定的条件下，企业的资金需要量将随固定资产和存货的升降而变化，这种变化一般是(　　)。

A. 同方向、不同比例　　B. 不同方向、同比例

C. 不同方向、不同比例　　D. 同方向、同比例

16. 资金周转速度越慢，企业的资金需要量(　　)。

A. 越少　　B. 越多

C. 不受影响　　D. 不一定

17. 短期银行借款往往附加一些信用条件，这些条件中不包括(　　)。

A. 信用额度　　B. 附加利率

C. 周转信用协议　　D. 补偿性余额

18. 补偿性余额是银行要求借款企业将借款的(　　)的平均存款余额留存银行。

A. 5% ~10%　　B. 10% ~5%

C. 10% ~20%　　D. 15% ~25%

19. 下述担保借款中，(　　)不属于短期担保借款。

A. 应收账款担保借款　　B. 不动产担保借款

C. 应收票据担保借款　　D. 存货担保借款

20. 企业利用商业信用筹资的具体形式通常有(　　)。

A. 应付账款、预付账款、应付票据

B. 应付账款、应付票据、预收账款

C. 应付账款、预收账款、短期借款

D. 应付账款、应付票据、短期借款

21. 银行对长期借款企业约定的例行性限制条款中，一般不包括(　　)。

A. 企业定期向银行报送财务报表

B. 不能出售太多的资产

C. 企业主要领导人必须购买人身保险

D. 禁止应收账款的转让

22. 长期抵押贷款不宜作为担保的抵押品是(　　)。

A. 厂房　　B. 起重机

C. 机床　　D. 产成品

23. 长期借款的缺点之一是(　　)。

A. 筹资成本较高　　B. 筹资速度慢

C. 借款弹性小　　D. 筹资风险较高

四、多项选择题

1. 筹资资金的要求包括(　　)。

A. 选择合适的资金需要量和投放时间

B. 充分考虑负债能力

C. 将筹资同资金使用效果相结合

D. 严格遵守法律法规

E. 选择合理的筹资方式，降低资金成本

2. 与非银行金融机构筹资渠道配合的筹资方式包括(　　)。

A. 融资租赁　　B. 商业信用

C. 发行债券　　D. 吸收直接投资

E. 发行股票

3. 长期资金通常用(　　)等方式来筹措。

A. 发行股票　　B. 发行债券

C. 融资租赁　　D. 长期借款

E. 吸收直接投资

4. 下列属于筹资费用的项目有(　　)。

A. 银行借款利息　　B. 银行借款手续费

C. 向股东支付的股利　　D. 股票发行费用

E. 银行承兑商业汇票手续费

5. 直接筹资和间接筹资相比，两者有明显的差别，主要表现为(　　)。

A. 筹资效率不同　　B. 筹资费用高低不同

C. 筹资范围不同　　D. 筹资的意义不同

E. 筹资机制不同

6. 预测资金需要量的定量方法有(　　)。

A. 专家意见法　　B. 预计损益表法

C. 预计资产负债表法　　D. 因素分析法

E. 销售百分比法

7. 预计资产负债表中，敏感资产项目包括(　　)。

A. 固定资产净值　　B. 现金
C. 应收账款　　D. 实收资本
E. 存货

8. 预计资产负债表中，敏感负债项目包括(　　)。
A. 短期借款　　B. 应付账款
C. 应付费用　　D. 长期借款
E. 应付债券

9. 在预计资产负债表中，不属于敏感项目的有(　　)。
A. 留存利润　　B. 对外投资
C. 短期借款　　D. 长期负债
E. 实收资本

10. 影响企业资金需要量的因素主要有(　　)。
A. 业务量变化　　B. 资产价格变化
C. 资金结构变化　　D. 资金周转速度变化
E. 资金成本变化

11. 短期银行借款往往附加一些信用条件，主要有(　　)。
A. 周转信用协议　　B. 抵押物
C. 担保协议　　D. 补偿性余额
E. 信用额度

12. 短期银行贷款利率有(　　)等种类。
A. 简单利率　　B. 固定利率
C. 浮动利率　　D. 贴现利率
E. 附加利率

13. 商业信用筹资的具体形式通常有(　　)。
A. 应付账款　　B. 应付票据
C. 预付账款　　D. 应收账款
E. 预收账款

14. 长期借款按提供贷款的机构可分为(　　)几类。

A. 政策性贷款　　B. 公司长期债券

C. 其他金融机构贷款　　D. 商业性银行贷款

E. 从其他企业借款

15. 作为长期抵押贷款担保的抵押品可以是(　　)。

A. 不动产　　B. 机器设备

C. 应收账款　　D. 股票

E. 长期债券

16. 企业偿还长期借款的方式通常有(　　)。

A. 定期等额偿还　　B. 一次还本付息

C. 分批偿还每期金额不等　　D. 定期付息，一次还本

E. 只还本金，不还利息

五、判断题

1. 负债规模越小，企业的资本结构越合理。(　　)

2. 资本的筹集量越大，越有利于企业的发展。(　　)

3. 一定的筹资方式只能适用于某一特定的筹资渠道。

(　　)

4. 随着改革的深入进行，国家的财政资本将不再是国有企业筹资资本的重要渠道。(　　)

5. 同一筹资方式往往适用于不同的筹资渠道。(　　)

6. 企业的资本金包括实收资本和资本公积金。(　　)

7. 企业对股权资本依法享有经营权，在企业存续期内，投资者除依法转让外，还可以随时抽回其投入的资本。(　　)

8. 债权资本和股权资本的权益性质不同，因此两种资本不可以相互转换。(　　)

9. 长期资本和短期资本的用途不同，长期资本用于购建固

定资产、取得无形资产、开展长期投资等，短期资本则用于解决生产经营过程中的资本周转，因此两种资本在使用上不能相互通融。（ ）

10. 计提折旧和留用利润都是企业内部筹资的资金来源，但是计提折旧却不能增加企业的资本规模。（ ）

11. 因为直接筹资的手续较为复杂，筹资效率较低，筹资费用较高；而间接筹资手续比较简单，过程比较简单，筹资效率较高，筹资费用较低，所以间接筹资应是企业首选的筹资类型。

（ ）

12. 产品的寿命周期变化与筹资规模大小的关系是有规律的。（ ）

13. 通货膨胀既引起成本上升，也使利润上升，因此，两者对企业现金流量的影响可以完全抵消。（ ）

14. 只有国有企业才能利用国家资本；只有外商投资企业才可以直接利用外资。（ ）

15. 扩张性筹资动机是企业因为扩大生产经营规模或追加对外投资的需要而产生的筹资动机。（ ）

六、计算与分析题

1. 某企业按年利率 10% 从银行借款 100 万元，银行要求维持 10% 的补偿性余额，求其实际利率。

2. 某企业以名义利率 10% 取得银行借款 1 000 万元，银行要求分12个月等额偿还，并按附加利息方式计息，则其实际利率是多少？

3. 某公司购进一批材料，价值10 000元，对方开出的商业信用条件是“2/10，N/30”，市场利率为12%。请问，该公司是否应该争取享受这个现金折扣？并说明原因。

4. 某公司向某企业销售一批价值为5 000元的材料，开出的信用条件是“3/10，N/60”，市场利率为12%，请问：

（1）企业若享受这一现金折扣，可以支付多少货款？

（2）若企业放弃这一信用条件是否划算？请用财务管理概念及原理加以说明。

5. 某企业2005年利润表及其各项目与销售额的比率如表3－1所示，现假设该企业2006年预计销售收入为1 250万元，预计净利润留用比例为45%，问该企业2006年的预计利润表及内部筹资量预测值各是多少？

表3-1 某企业2005年实际利润表

项　　目	金额（万元）	占销售百分比（%）
销售收入	1 000	100
减：销售成本	750	75
销售费用	50	5
销售利润	200	20
减：管理费用	100	10
财务费用	20	2
利润总额	80	8
减：所得税	26.4	
净利润	53.6	

6. 某企业基期实际占用的资金数额为1 060万元，其中：60万元属于呆滞积压物资；该企业预测期预计业务量增加10%，资产价格将提高8%，资金周转速度将减缓5%，根据上述资料预测该企业资金需要量。

7. 某企业拟以“2/10，n/30”信用条件购进一批原材料。这一信用条件意味着企业如果在10天之内付款，可享受2%的现金折扣；若不享受现金折扣，货款应在30天之内付清。请计算该企业放弃现金折扣的成本是多少？

8. 某企业需要8万元资金，以清偿到期债务，而需要维持20%的补偿性余额，那么，为了获取8万元必须借款10万元。如果名义利率为8%，则实际利率是多少？

9. 某企业应收票据中不带息票据的面值为50 000元，贴现月利率为7.2‰，贴现天数为100天。请计算贴现利息为多少？企业实际负担的利率是多少？

10. 某企业按附加利率9%取得为期一年的借款60 000元，

分12个月予以均衡偿还。企业如下年末一次付息，本利和为65 400元。由于借款需要分月偿还，企业只有在第一个月才能使用60 000元，以后每个月减少5 000元，借款企业12个月中平均使用借款仅是30 000元。请计算该企业的实际利率是多少？

11. 某企业采用融资租赁方式与2005年1月1日从某租赁公司租入一台设备，设备价款为40 000元，租期为8年，到期后设备归企业所有，为了保证租赁公司完全弥补融资成本、相关的手续费并有一定盈利，双方商定采用18%的折现率，试计算该企业每年年末应支付的等额租金是多少。

12. 某企业采用融资租赁方式与2005年1月1日从某租赁公司租入一台设备，设备价款为40 000元，租期为8年，到期后设备归企业所有，为了保证租赁公司完全弥补融资成本、相关的手续费并有一定盈利，双方商定采用18%的折现率，试计算该企业每年年末初应支付的等额租金是多少。

七、简答题

1. 简述企业筹集资金的原则。

2. 简述企业筹集资金的渠道。

3. 简述企业筹集资金的种类。

4. 资金需要量的法律依据有哪些？请简述之。

5. 简述资金需要量的预测方法。

6. 什么是因素分析法？如何进行因素分析？

7. 简述吸收直接投资的出资方式。

8. 吸收直接投资有哪些优点？有哪些缺点？

9. 商业信用融资有哪些优点？有哪些缺点？

10. 短期银行借款有哪些附加条件？

11. 长期银行借款有哪些保护性条款？

12. 简述长期银行借款的利弊。

13. 融资租赁的特点是什么？

14. 融资租赁有哪几种形式?

15. 简述融资租赁的优缺点。

16. 杠杆收购筹资有哪些特点?

第四章　投 资 管 理

一、名词解释

1. 投资

2. 项目投资

3. 项目计算期

4. 现金流量

5. 初始现金流量

6. 营业现金流量

7. 终结现金流量

8. 现金净流量

9. 投资回收期

10. 投资利润率

11. 净现值

12. 净现值率

13. 获利指数

14. 内部收益率

15. 证券投资

16. 债券投资

17. 股票投资

18. 组合投资

19. 系统风险

20. 利息率风险

21. 再投资风险

22. 购买力风险

23. 非系统风险

24. 违约风险

25. 流动性风险

26. 破产风险

27. 短期证券投资

28. 长期证券投资

29. 证券投资组合

二、填空题

1. 投资概念具有广义和狭义之分，广义的投资包括企业内部的资金投放和使用，以及对外部的投出资金；狭义的投资仅指对外部的投出资金。按照投资的介入程度，分为________和________两类。

2. 按投资回收时间的长短，可把投资分为________和________。

3. 按照投资方向，可把投资分为________和________。

4. 企业投资不能在缺乏调查研究的情况下轻率拍板，而必须按特定的程序，运用科学的方法进行决策。投资决策程序为：________、________、________、________和________。

5. 企业原始总投资的投入方式包括________和

＿＿＿＿＿＿两种方式。

6. 项目投资决策中的现金流量，从时间特征上看包括以下三个组成部分：＿＿＿＿＿＿、＿＿＿＿＿＿和＿＿＿＿＿＿。

7. 按是否考虑资金时间价值，投资决策评价指标可分为＿＿＿＿＿＿和＿＿＿＿＿＿。

8. 按指标性质，投资决策评价指标可分为＿＿＿＿＿＿和＿＿＿＿＿＿。

9. 按数量特征，投资决策评价指标可分为＿＿＿＿＿＿和＿＿＿＿＿＿。

10. 按其在决策中所处的地位，投资决策评价指标可分为＿＿＿＿＿＿、＿＿＿＿＿＿和＿＿＿＿＿＿。

11. 证券投资指投资者将资金投资于＿＿＿＿＿＿、＿＿＿＿＿＿、＿＿＿＿＿＿及＿＿＿＿＿＿等资产，从而获取收益的一种投资行为。

12. 企业进行证券投资的主要目的是：＿＿＿＿＿＿、＿＿＿＿＿＿和＿＿＿＿＿＿。

13. 证券投资按其投资对象的不同，可分为以下几种：＿＿＿＿＿＿、＿＿＿＿＿＿和＿＿＿＿＿＿。

14. 证券投资风险按风险性质分为＿＿＿＿＿＿和＿＿＿＿＿＿两大类别。

15. 系统风险也称为不可分散风险，是由于外部经济环境因素变化引起整个金融市场不确定性加强，从而对市场上所有证券都产生影响的共同性风险。主要包括以下几种：＿＿＿＿＿＿、＿＿＿＿＿＿和＿＿＿＿＿＿。

16. 非系统风险也称可分散风险，是由于特定经营环境或特定事件变化引起的不确定性，从而对个别证券产生影响的特有性风险。主要包括以下几种：＿＿＿＿＿＿、＿＿＿＿＿＿和

__________。

17. 证券投资组合的方法很多，常见的有：__________、__________和__________等。

三、单项选择题

1. 按(　　)，企业的投资可分为对内投资和对外投资。

A. 投资回收的时间长短

B. 投资与企业生产经营的关系

C. 投资数额的多少

D. 投资的方向和范围

2. 按(　　)，企业的投资可分为直接投资和间接投资。

A. 投资与企业生产经营的关系　　B. 投资数额的多少

C. 投资的方向和范围　　D. 投资回收的时间长短

3. 项目投资按投资的内容可分为(　　)。

A. 战术性投资和战略性投资

B. 独立性投资和相关性投资

C. 固定资产投资和流动资产投资

D. 发展性投资和重置性投资

4. 项目投资按(　　)，可分为战术性投资和战略性投资。

A. 投资方案之间的关系

B. 投资对企业生产经营的影响程度

C. 投资的方向和范围

D. 投资与企业原有生产经营能力的关系

5. 本题所列项目投资决策方法中(　　)一般只能作为项目投资决策的辅助方法使用。

A. 净现值法　　B. 净现值率法

C. 投资回收期法　　D. 内含报酬率法

6. 采用净现值法的决策标准以(　　)为可行方案。

A. 净现值<0　　B. 净现值≥0

C. 净现值=0　　D. 净现值≤0

7. 内含报酬率又称内部收益率，它是使投资项目的(　　)。

A. 净现值≥0　　B. 净现值<0

C. 净现值≤0　　D. 净现值=0

8. 一般而言，(　　)的风险小，变现能力强，但收益率相当低。

A. 短期证券　　B. 长期证券

C. 公司证券　　D. 金融证券

9. 本题所列证券中，(　　)为所有权证券。

A. 商业票据　　B. 国库券

C. 公司债券　　D. 股票

10. 由于通货膨胀率上升和货币贬值，使投资者出售证券或到期回收所获取资金的实际购买力能否下降的风险，属于(　　)。

A. 变现能力风险　　B. 市场风险

C. 购买力风险　　D. 利率风险

11. 无法在短期内以合理价格出售有价证券的风险，属于(　　)。

A. 市场风险　　B. 变现能力风险

C. 违约风险　　D. 利率风险

四、多项选择题

1. 企业投资具有的特点有(　　)。

A. 投资目的的多样性　　B. 投放时机的选择性

C. 投资回收的时限性　　D. 投资收益的不确定性

2. 企业的投资目的一般包括（ ）。

A. 扩充规模 B. 控制相关企业

C. 提高质量，降低成本 D. 应对经营风险

3. 企业投资应考虑的主要因素有（ ）等。

A. 投资收益 B. 投资风险

C. 筹资能力 D. 投资环境

4. 项目投资的特点有（ ）。

A. 投资数额大 B. 寿命期限长

C. 不可逆转性 D. 投资风险高

5. 现金流出量是指一项投资所引起的现金支出的增加额，主要内容包括（ ）。

A. 销售成本支出

B. 直接投资支出

C. 流动资产投资

D. 项目所需投入的非货币资源变现价值

6. 现金流入量是指一项投资所引起的现金收入的增加额，主要内容包括（ ）。

A. 销售收入 B. 营业现金流入量

C. 固定资产的净残值收入 D. 收回垫支的流动资金

7. 营业现金流入量的计算公式有（ ）。

A. 净利润 + 折旧

B. 销售收入 - 付现成本

C. 销售收入 - 全部成本费用

D. 营业现金流入量 = 销售收入 - 付现成本 - 所得税

8. 静态投资回收法的主要缺点有（ ）。

A. 没有考虑资金时间价值

B. 只考虑了回收期内的营业现金净流量

C. 没有考虑回收期满后的营业现金净流量

D. 计算复杂且难以理解

9. 内含报酬率反映了投资项目的实际报酬率，若内含报酬率 > 折现率，则(　　)。

A. 净现值 > 0　　B. 投资回收期 < 建设期

C. 净现值率 > 0　　D. 净现值 = 0

10. 证券按发行主体分类，可分为(　　)三类。

A. 政府证券　　B. 长期证券

C. 金融证券　　D. 公司证券

11. 证券按体现的权益分类，可分为(　　)。

A. 短期证券　　B. 长期证券

C. 所有权证券　　D. 债权证券

12. 证券投资的目的主要有(　　)。

A. 暂时预防现金短缺

B. 与筹集长期资金相配合，满足未来财务需求

C. 满足季节性经营对现金的需求

D. 获得对相关企业的控制权

13. 证券投资风险主要有(　　)。

A. 违约风险、利率风险

B. 购买力风险、变现能力风险

C. 限制性风险

D. 市场风险

14. 证券投资收益是指投资者进行证券投资所获得的收益，主要包括(　　)。

A. 因价格涨跌而带来的价值量的增值

B. 利息

C. 因价格涨跌而带来的价值量的减值

D. 股利

15. 造成企业证券违约的原因主要有以下几个方面(　　)。

A. 政治经济形势发生重大变动

B. 企业经营管理不善，财务管理失误

C. 发生自然灾害

D. 企业在市场竞争中失败，主要顾客消失

五、判断题

1. 财务管理中的投资与会计上的投资概念相似，既包括对外投资，也包括对内投资。(　　)

2. 直接投资是指把资金投放于证券等金融资产，以取得股利或利息收入的投资。(　　)

3. 对内投资都是直接投资，对外投资既包括直接投资，也包括间接投资。(　　)

4. 短期投资又称流动资产投资，是指能够而且也准备在1年内收回的投资，长期证券如能随时变现，也可作为短期投资。(　　)

5. 按投资与企业生产经营的关系，投资可分为对内投资和对外投资。(　　)

6. 间接投资又称证券投资，是指把资金投放于证券等金融资产，以便取得股利或利息的资产。(　　)

7. 对外直接投资是指企业直接把现金、实物资产、无形资产等投向其他企业或与其他企业共同投资兴建新企业。(　　)

8. 内部长期投资主要包括固定资产投资和无形资产投资。(　　)

9. 长期投资决策中的初始现金只包括固定资产上的投资。(　　)

10. 固定资产的回收时间较长，固定资产投资的变现能力较差。（ ）

11. 原有固定资产的变价收入，是指固定资产更新时原有固定资产变卖所得的现金收入，是长期投资决策中初始现金流量的构成部分。（ ）

12. 每年净现金流量既等于每年营业收入与付现成本和所得税之差，又等于净利与折旧之和。（ ）

13. 现金流量是按照收付实现制计算的，而在作出投资决策时，应该以权责发生制计算出的营业利润为评价项目经济效益的基础。（ ）

14. 净利润的计算比现金流量的计算有更大的主观随意性，作为决策的主要依据不太可靠。（ ）

15. 投资回收期既考虑了整个回收期内的现金流量，又考虑了货币的时间价值。（ ）

16. 进行长期投资决策时，如果某一备选方案净现值比较小，那么该方案内部报酬率也相对较低。（ ）

17. 固定资产投资方案的内含报酬率并不一定只有一个。（ ）

18. 非贴现指标的投资回收期，由于没有考虑时间价值，因而夸大了投资的回收力度。（ ）

19. 初始现金流量与营业现金流量之和就是终结现金流量。（ ）

20. 内部报酬率反映了投资项目的真实报酬率。（ ）

21. 非贴现现金流量指标主要包括投资回收期、平均报酬率和获利指标。（ ）

22. 证券投资既可以随时出售转变为现金，由于偿还债务，保持了资产的流动性，又可以增加企业的收益。（ ）

23. 权益性投资比债权性投资的风险低，其要求的投资收益也较低。 （ ）

24. 证券投资的变现能力比直接投资强。 （ ）

25. 贴现金融债券的票面面值与发行价格之间的差额就是债券的利息。 （ ）

26. 短期证券投资可以作为现金的替代品。 （ ）

27. 如果市场利率上升，就会导致债券的市场价格上升。 （ ）

28. 政府债券是以国家财政为担保的，一般可以看作是无违约风险的债券。 （ ）

29. 系统性风险是无法消除的，但投资者可以通过改变证券组合中各证券的比例来调节组合的平均系统性风险。 （ ）

30. 最优证券投资组合是有效集中风险最低的投资组合。 （ ）

六、计算与分析题

1. 2005 年 6 月 30 日，A 公司购买 B 公司每股市价为 20 元的股票，2006 年 1 月，A 公司每股获现金股利 1 元，2006 年 6 月 30 日，A 公司将该股票以每股 22.50 元的价格出售。要求：计算该种股票的投资收益率。

2. 某企业于 2005 年 2 月 10 日投资 1 800 元购进一张面值 2 000元，票面利率 5%，每年付息一次的债券，并于 2006 年 2

月10日以1 850元的市价出售。要求：计算该种债券的投资收益率。

3. 某企业以每股200元购入普通股10 000股，预计一年后每股股利收入为20元，每股市价预计可上升到220元。要求：计算该种股票的预期收益率。

4. 某债券面值为2 000元，票面利率为10%，期限为5年，甲企业拟对这种债券进行投资，当前的市场利率为12%。要求：计算债券价格为多少时才能进行投资。

5. 某企业拟购买另一家企业发行的利随本清的企业债券，该债券面值为2 000元，期限为10年，票面利率为12%，不计复利，当前市场利率为10%。要求：计算该债券发行价格为多少时，企业才能购买？

6. S公司准备投资购买T公司的股票，该股票上年每股股利为2.5元，预计以后每年以6%的增长率递增，S公司经分析后，认为必须得到12%的报酬率，才能购买T公司的股票。要求：计算该种股票的价值。

7. 某债券面值为2 000元，期限为5年，以折现方式发行，期内不计利息，到期按面值偿还，当时市场利率为8%。要求：计算该种债券价格为多少时，企业才能购买？

8. 竹亚科电器厂拟于2006年初购入一台设备以扩充生产能力，现有甲、乙两个方案可供选择。甲方案需投资15 000元，设备使用寿命为5年，不需垫支流动资金，采用直线法计提折旧，5年后设备清理无净残值，每年增加销售收入7 000元，增加成本费用5 000元。乙方案需投资12 000元，另需垫支流动资金 3 000 元，设备使用寿命也为 5 年，采用直线法计提折旧，5 年后设备清理残值收入 2 000 元，5 年中每年增加销售收入 8 000 元，成本费用第一年为 5 000 元，以后随着设备日渐陈旧，将逐年增加修理费 400 元。假设所得税税率为 40%，试分别计算两个方案的现金净流量。

9. 甲企业于 2005 年 6 月 1 日以 102 元的价格购买一面值为 100 元、利率为 8.56%、每年 12 月 1 日支付利息的 2000 年发行的 5 年期国债，并持有到 2005 年 12 月 1 日到期。请计算该短期证券收益率。

10. 2005 年 3 月 9 日，乙企业购买丙企业每股市价 64 元的股票，2006 年 7 月，乙企业获得现金股利，每股 3.90 元，2006 年 3 月 9 日，乙企业将该股票以每股 66.5 元的价格出售。请计算短期证券收益率。

11. 信鸽公司于2001年2月1日以924.16元的价格购入一张面值为1 000元的债券，其票面利率为8%，每年2月1日支付利息，该债券于2006年2月1日到期，按面值收回本金，试计算该债券投资的收益率。

12. 新星公司于2003年4月1日投资51 000元购买某种股票10 000股，2004年、2005年和2006年的3月31日各分得现金股利为每股0.5元、0.6元和0.8元，并于2006年4月1日以每股6元的价格将该股票全部出售。试计算该股票投资的收益率。

13. 某债券面值为1 000元，票面利率为10%，期限为5年，当前的市场利率为12%，问债券价格为多少时才值得购买？

14. 某企业拟购买另一家企业发行的利随本清的企业债券，

该债券面值为1 000元，期限为10年，票面利率为12%，不计复利，当前市场利率为10%，该债券发行价格为多少时才值得购买？

15. 某债券面值为1 000，期限为5年，以折现方式发行，期内不计利息，到期按面值偿还，当前市场利率为8%，其价格为多少时，企业才能购买？

16. 时代公司准备投资购买东方信托投资股份有限公司的股票，该股票上年每股股利为2元，预计以后每年以4%的增长率增长。时代公司经分析后，认为必须得到10%的报酬率，才能购买该种股票。请计算该种股票的内在价值。

七、简答题

1. 简述投资的分类。

2. 投资管理的原则是什么？

3. 简述投资决策的程序。

4. 什么是项目投资？项目投资的类型有哪些？

5. 项目投资决策中的现金流量由哪几部分构成？

6. 投资决策评价指标是如何分类的？

7. 企业进行证券投资的主要目的是什么？

8. 证券投资按其投资对象的不同可分为哪几种？

9. 简述证券投资的系统风险。

10. 简述证券投资的非系统风险。

11. 简述债券投资的优缺点。

12. 简述股票投资的优缺点。

13. 为什么要进行证券投资组合？

14. 简述证券投资组合的方法。

第五章　资 产 管 理

一、名词解释

1. 流动资产

2. 现金

3. 机会成本

4. 短缺成本

5. 转换成本

6. 管理成本

7. 坏账成本

8. 现金折扣成本

9. 信用政策

10. 信用评估

11. 5C 评估法

12. 信用评分法

13. 缺货成本

14. ABC 分类管理

15. 查定法

16. 固定资产占用率法

二、填空题

1. 流动资产指可以在一年或者超过一年的营业周期内耗用和变现的资产，主要包括：________、________、________、________和________等。

2. 企业持有一定数量的现金，主要基于以下三个方面的动机：________、________和________。

3. 持有现金的成本，一般来说包括：________、________、________和________等。

4. 确定最佳现金持有量，最常用的有两种模式：________和________。

5. 应收账款的功能指它在生产经营中的作用。主要有两项：

__________和__________。

6. 持有应收账款也要付出一定的代价，即成本，应收账款的成本主要有：__________、__________、__________和__________。

7. 企业要管好应收账款必须事先制定合理的信用政策，合理的信用政策包括：__________、__________和__________等三项。

8. 信用调查指收集和整理反映顾客信用状况的有关资料的一项工作，包括：__________和__________两种。

9. 信用评估是根据信用调查得到的有关资料，运用特定方法，对客户信用状况进行分析和评价的方法，最常用的是__________和__________。

10. 客户拖欠货款的原因较多，概括起来有两类：__________和__________。

11. 存货的功能指存货在生产经营过程中的作用，主要有：__________、__________、__________和__________。

12. 存货成本主要有以下三项：__________、__________和__________。

13. 按经济用途，可把固定资产分为__________和__________。

14. 按使用情况，可把固定资产分为__________、__________和__________。

15. 按实物形态，可把固定资产分为__________、__________、__________和__________等。

16. 常用的预测固定资产需要量的方法有两种：__________和__________。

三、单项选择题

1. 净现金流量是指(　　)。

A. 现金余缺额　　B. 现金净收入

C. 现金收入与现金支出　　D. 现金净支出

2. 在正常情况下保证生产经营活动的最低限度需要的现金和银行存款数额是(　　)。

A. 现金余缺额　　B. 净现金流量

C. 最佳现金余额　　D. 现金收支净额

3. 下列各项不属于应收账款的管理成本的是(　　)。

A. 调查顾客信用情况的费用

B. 收集各种信息的费用

C. 账簿记录费用及收账费用

D. 一部分应收账款不能如数收回而发生的损失

4. 在制定应收账款政策时，延长信用期对企业的销售额的影响是(　　)。

A. 增加销售额

B. 减少销售额，不增加收账费用

C. 不影响销售额

D. 减少销售额，但增加收账费用

5. 新华公司全年需要甲种材料 13 200 千克，每次的订货成本为 4 400 元，每千克材料的年储存成本为 24 元。则新华公司的甲种材料的最佳经济订货批量是(　　)。

A. 2 200 千克　　B. 1 556 千克

C. 13 200 千克　　D. 3 300 千克

6. 存货规划要解决的是存货的(　　)。

A. 储存成本问题　　B. 订货成本问题

C. 购置成本问题　　　　　　　　D. 经济批量模型

7. 企业存货成本的构成有以下几项，即(　　)。

A. 取得成本、订货成本、缺货成本

B. 取得成本、购置成本、缺货成本

C. 取得成本、储存成本、缺货成本

D. 订货成本、储存成本、缺货成本

8. 下列不属于流动资产的项目有(　　)。

A. 短期投资　　　　　　　　B. 应收及预付账款

C. 长期投资　　　　　　　　D. 待摊费用

9. 按照我国现金管理制度的有关规定，下列各项不能使用现金结算的是(　　)。

A. 根据国家规定颁发给个人的科学技术、文化艺术、体育等各种奖金

B. 各种劳保福利费用以及国家规定的对个人的其他支出

C. 结算起点在 1 000 元以上的大宗采购支出

D. 发给职工个人的工资和津贴

10. 兴业公司预计全年需要现金 315 000 元，假设每天现金支出不变，现金与有价证券的转换成本为 1 260 元，有价证券的利息率为 20%。则该公司的最佳现金持有量为：(　　)。

A. 63 000 元　　　　　　　　B. 198 430 元

C. 25 000 元　　　　　　　　D. 315 000 元

11. 经济批量是一定时期内存货的(　　)总和最低的采购批量。

A. 采购成本和订货成本

B. 储存成本和订货成本

C. 采购成本和储存成本

D. 采购成本、订货成本和储存成本

12. 现金收支计划可(　　)编制。

A. 按年编制，然后再按季度分月编制

B. 按年分季编制，然后再按季度分月编制

C. 按季度编制，然后再分月编制

D. 只按年编制或按季度编制或按月编制

13. 宇航公司预计全年现金需要量为456 300元，平均存货周转期为85天，应付账款的平均付款期为45天，应收账款的平均收款期为60天，则宇航公司的年度最佳现金持有量为(　　)。

A. 126 750元　　B. 76 050元

C. 107 735.50元　　D. 57 037.50元

14. 信用标准是指顾客获得企业的交易信用所具备的条件，它通常以(　　)。

A. 顾客付款期限的长短作为判断标准

B. 预期的坏账损失率作为判断标准

C. 顾客拖欠货款期限的长短作为判断标准

D. 现金折扣数额的多少作为判断标准

15. 企业确认存货范围的标准是(　　)。

A. 存货的存放地点　　B. 对存货的法定产权

C. 对存货的保管权　　D. 对存货的使用权

16. 流动资产按资产在生产经营过程中的作用可分为(　　)。

A. 生产领域中的流动资产和非生产领域中的流动资产

B. 生产领域中的流动资产和销售领域中的流动资产

C. 生产领域中的流动资产和流通领域中的流动资产

D. 销售领域中的流动资产和流通领域中的流动资产

17. (　　)是指满足企业日常业务的现金支付需要。

A. 交易性需要　　B. 投机性需要

C. 预防性需要　　D. 盈利性需要

18. (　　)是利用存货最佳经济批量模型确定现金持有量的方法。

A. 成本分析法　　B. 存货模式

C. 周转期法　　D. 公式法

19. (　　)是企业对顾客在商品价格上所做的扣减。

A. 现金折扣　　B. 价格折扣

C. 销售折扣　　D. 销售折让

20. 现金一般是指企业的库存现金和银行存款，它是流动性(　　)的资产。

A. 最差　　B. 不强不差

C. 最强　　D. 既强又差

21. (　　)是指持有现金，以应付意外的事件对现金的需求。

A. 交易性需要　　B. 投机性需要

C. 临时性需要　　D. 预防性需要

22. 持有现金的机会成本通常为(　　)，它与现金余额成正比例的变化。

A. 银行存款的利息率　　B. 有价证券的利息率

C. 银行贷款的利息率　　D. 股票的利息率

23. (　　)是指因对外销售产品、材料、提供劳务等业务形成的，应向购货单位或接受劳务的单位收取的款项。

A. 应收账款　　B. 应收票据

C. 预收账款　　D. 其他应收款

24. (　　)是指过去的交易、事件形成的并由企业拥有或控制的资源，该资源预期会给企业带来经济利益。

A. 所有者权益　　B. 资产

C. 债权人权益　　D. 利润

25. (　　)能准确地反映企业的短期偿债能力。

A. 负债比率　　B. 流动比率

C. 速动比率　　D. 资产负债率

26. (　　)是预计未来一定时期企业现金的收支状况，并进行现金平衡的计划，是企业财务管理的一个重要工具。

A. 现金收支计划　　B. 现金预算

C. 现金收入计划　　D. 现金流量

27. 不属于生产经营主要设备的物品，单位价值在(　　)以上，并且使用年限超过 2 年的，也应当作为固定资产。

A. 1 000 元　　B. 2 000 元

C. 3 000 元　　D. 800 元

28. 固定资产按(　　)分类，可以帮助了解各类固定资产在全部固定资产中的比重，研究固定资产的结构，促使企业合理配置固定资产，充分发挥其职能。

A. 经济用途　　B. 使用情况

C. 所属关系　　D. 运行状况

四、多项选择题

1. 流动资产具有以下特点(　　)。

A. 流动资产的周转具有短期性

B. 流动资产的数量具有波动性

C. 流动资产具有易变现性

D. 流动资产循环与生产经营周期具有一致性

2. 按资产的占用形态，流动资产可以分为(　　)。

A. 现金　　B. 应收及预付账款

C. 存货　　D. 短期投资

3. 企业持有现金的成本一般有(　　)。

A. 管理成本　　B. 机会成本

C. 储存成本　　D. 短缺成本

4. 现金周转期是指企业从购买材料支付现金到销售商品收回现金的时间，包括：(　　)。

A. 短期投资周转期　　B. 存货周转期

C. 应收账款周转期　　D. 应付账款周转期

5. 现金收入计划表的格式内容可分为(　　)项目。

A. 现金收入　　B. 现金支出

C. 净现金流量　　D. 现金余缺

6. 应收账款是指因对外销售产品、材料、提供劳务等业务形成的，应向购货单位或接受劳务的单位收取的款项，包括(　　)。

A. 应收销货款　　B. 应收票据

C. 预收账款　　D. 其他应收款

7. 通过分析持有现金余额的成本，寻找持有成本最低的现金持有量为最佳现金余额的方法，称为(　　)。

A. 成本分析法　　B. 存货模式

C. 周转期法　　D. 成本分析模式

8. 存货模式的目的是求出使成本最小的 N 值。现金余额总成本包括(　　)方面。

A. 现金管理成本　　B. 现金转换成本

C. 现金持有成本　　D. 现金机会成本

9. 企业持有现金主要是为了满足以下(　　)方面的需要。

A. 预防性需要　　B. 交易性需要

C. 获利性需要　　D. 投机性需要

10. 企业要想管好用好现金，应不断地分析研究影响现金余额水平变化的因素。一般情况下，可以考虑的因素有(　　)。

A. 宏观经济状况的变化

B. 销售季节的变化和企业的现金流量

C. 企业未清偿债务的到期情况和重要的临时性指出

D. 企业应付紧急情况的筹款能力

11. 进行现金的清查，应该做到(　　)。

A. 库存现金的收支应做到日清月结

B. 库存现金的账面余额与实际库存额相互符合

C. 银行存款账面余额与银行对账单余额相互符合

D. 现金、银行存款日记账数额分别与现金、银行存款总账数额相互符合

12. 加强现金收支的综合控制的措施有(　　)。

A. 加强企业内部制约机制

B. 力争现金流入量和现金流出量同步

C. 及时进行现金的清查

D. 遵守国家规定的库存现金的使用范围

13. 应收账款的功能是指它在生产经营活动中的作用，主要有以下几个方面(　　)。

A. 减少坏账损失的功能　　　　B. 增加销售的功能

C. 减少存货的功能　　　　D. 增加费用的功能

14. 企业加速收回现金的方法有(　　)。

A. 缩短企业收到顾客开来支票与支票兑现之间的时间

B. 缩短顾客付款的时间

C. 加速资金存入往来银行的过程

D. 以上三种方法都不是，采取其他的方法

15. 应收账款的管理成本是预收账款成本的一个重要组成部

分，主要包括(　　)。

A. 收集各种信息的费用

B. 调查顾客信用情况的费用

C. 账簿的记录费用

D. 收账费用

16. 现金折扣是企业对顾客在商品价格上所做的扣减，其主要目的在于(　　)。

A. 企业可以尽早收回应收账款

B. 缩短应收账款的平均收款期

C. 吸引顾客为享受优惠而提前付款

D. 扩大产成品存货的销售量

17. 我国的信用评估机构目前有(　　)等类型。

A. 独立的社会评估机构

B. 由专业银行组织的评估机构

C. 由企业组织的由专业人员组成的评估机构

D. 中国人民银行负责组织的评估机构

18. 存货与其他资产相比较具有独特的是(　　)。

A. 存货具有较强的流动性

B. 存货具有使企业增值的获利性

C. 存货是有形资产

D. 存货具有一定的时效性

19. 企业的存货范围包括以下(　　)有形资产。

A. 为了最终出售正处于生产过程中的存货

B. 在正常经营过程中存储以备出售的存货

C. 为了长期保存以后获得增值的存货

D. 为了生产供销售的商品或提供服务以备消耗的存货

20. 企业领用和发出存货，按照实际成本核算的，可按

(　　)确定其实际成本。

A. 先进先出法　　　　B. 加权平均法

C. 后进先出法　　　　D. 移动加权平均法

21. 现金主要包括(　　)。

A. 库存现金　　　　B. 银行活期存款

C. 即将到期的票据　　　　D. 到期的票据

22. 短期投资主要包括(　　)。

A. 股票　　　　B. 债券

C. 基金　　　　D. 存货

23. 应收及预付账款主要包括(　　)。

A. 应收票据　　　　B. 应收账款

C. 其他应收款　　　　D. 预付账款

24. 生产领域中的流动资产有(　　)。

A. 原材料　　　　B. 辅助材料

C. 产成品　　　　D. 低值易耗品

25. 最佳现金余额的具体计算，可以先分别计算出各种方案的(　　)之和，再从中选出总成本之和最低的现金持有量即为最佳现金余额。

A. 生产成本　　　　B. 机会成本

C. 管理成本　　　　D. 短缺成本

26. 根据流动资产的周转具有短期性的特点，企业投放于流动资产上的资金可以采用(　　)等短期筹资方式来加以解决。

A. 商业信用　　　　B. 发行债券

C. 银行流动资金借款　　　　D. 发行股票

27. 与企业的其他资产相比，固定资产具有的基本特点有(　　)。

A. 使用期限长，占用资金多

B. 投资风险高，收益能力强

C. 集中投资，分期收回

D. 价值双重存在，实物运用能力具有弹性

28. 固定资产按其使用情况分为( )。

A. 使用中的固定资产　　B. 未使用的固定资产

C. 融资租入的固定资产　　D. 不需用的固定资产

29. 固定资产按其所属关系，分为( )。

A. 出租的固定资产　　B. 经营租入的固定资产

C. 自有固定资产　　D. 融资租入的固定资产

30. 固定资产按其运行状况，分为( )。

A. 满负荷运行的固定资产　　B. 运行不足的固定资产

C. 未使用的固定资产　　D. 不需用的固定资产

五、判断题

1. 企业持有现金的动机主要是交易动机和预防动机。 ( )

2. 现金管理的目的是在保证企业生产经营所需要现金的同时，节约使用资金，并从暂时闲置的现金中获得最多的利息收入。 ( )

3. 当企业实际的现金余额与最佳的现金余额不一致时，可采用短期融资策略或投资于有价证券等策略来达到理想状况。 ( )

4. 现金余缺是指计划期现金期末余额与预计现金余额之间的差额。 ( )

5. 对于现金余额，不能只考虑风险，也不能只考虑报酬，必须将风险与报酬相互权衡，一起考虑。 ( )

6. 现金周转期就是存货周转期与应收账款周转期之和。（　）

7. 现金持有成本与现金余额成正比例变化，而现金转换成本与现金余额成反比例变化。（　）

8. 现金持有成本和现金转换成本的合计最低条件下的现金余额即为最佳现金余额。（　）

9. 因素分析模式假设现金需求量与营业量成反比例增长。（　）

10. 企业加速收款的任务不仅是要尽量使顾客早日付款，而且要尽快使这些付款转换为可用现金。（　）

11. 赊销是扩大销售的有力手段之一，企业应尽可能放宽信用条件，增加赊销量。（　）

12. 在采用集中银行方法的企业里，收款中心将每天收到的货款汇入集中银行，以加速账款回收。（　）

13. 应收账款管理的基本目标，就是尽量减少应收账款的数量，降低应收账款投资的成本。（　）

14. 企业拥有现金所发生的管理成本是一种固定成本，与现金持有量之间无明显的比例关系。（　）

15. 订货成本的高低取决于订货的数量与质量。（　）

16. 要制定最优的信用政策，应把信用标准、信用条件、收账政策结合起来，考虑其综合变化对销售额、应收账款机会成本、坏账成本和收账成本的影响。（　）

六、计算与分析题

1. 环宇公司现有五种现金持有方案，它们各自的机会成本为现金持有量的 15%，管理成本为 25 000 元，各方案的现金持有量、短缺成本如表 5－1 所示。

表 5－1　　现金持有方案　　单位：元

项目＼方案	A	B	C	D	E
现金持有量	30 000	50 000	80 000	110 000	150 000
机会成本	4 500	7 500	12 000	16 500	22 500
管理成本	25 000	25 000	25 000	25 000	25 000
短缺成本	16 000	12 000	7 000	3 500	0

试采用成本分析法确定环宇公司的最佳现金持有量即最佳现金余额。

2. 新华公司生产 A 产品，全年需要甲材料 120 000 千克，平均每次订货成本 4 000 元，每千克甲种材料全年储存成本为 0.6 元。要求：

（1）采用逐批测试法（即假设全年采购分 1、2、3、4、5 批五种情况）来确定新华公司甲种材料的经济订货批量。

（2）采用公式法计算新华公司所需甲种材料的经济订货批量。

3. 新宏公司预计全年的现金需要量为 245 000 元，每天的平均现金支出量为一常数，现金与有价证券每次的转换成本为980元，有价证券的利息率为20%。请采用存货模式确定最佳现金持有量和有价证券转换为现金的次数。

4. 假设兴业公司生产丙产品需要A零件，每次的订货成本为10 000元，每只A零件的采购成本为4 000元、年储存成本为36元。已知A零件的最佳经济订货批量为2 400只。请计算兴业公司全年需要A零件多少只？

5. 亨利公司本期的营业现金收入合计为990 000元，其他现金收入合计为247 500元；营业现金支出合计为660 000元，其他现金支出合计为412 500元；期初现金余额为82 500元；期末现金余额为247 500元，最佳现金余额为132 000元。请计算亨利公司本期的净现金流量和现金余缺额。

6. 泰康公司今年全年的M材料需要量为15 600千克，每次订货成本为5 200元/千克，每千克M材料的采购费用为3 500元，假设M材料的经济订货批量为5 200千克。请计算康泰公司M材料每千克的年储存成本为多少？

7. 万里公司甲材料年需要量为4 000千克，每千克标准价为20元。销售企业规定：客户每批购买量不足1 000千克的，按标准价格计算；每批购买量1 000千克以上，2 000千克以下的，价格优惠2%；每批购买量2 000千克以上的，价格优惠3%。已知每批进货费用为60元，单位材料年储存成本为3元。请计算：每次进货为多少千克时的存货相关总成本最低？此时最佳经济进货批量为多少千克？

七、简答题

1. 简述流动资产的特点。

2. 企业持有现金的动机是什么？

3. 持有现金的成本包括哪几个方面？

4. 简述应收账款的功能。

5. 应收账款的成本包括哪些？

6. 简述企业的信用政策。

7. 如何加强企业应收账款的日常管理。

8. 简述存货的功能。

9. 存货成本包括哪几项？

10. 经济进货批量基本模型建立的前提是什么？

11. 简述存货的归口分级管理。

12. 存货 ABC 分类的标准是什么?

13. 简述固定资产的特点。

14. 固定资产需要量预测的基本要求是什么?

15. 简述查定法的基本步骤。

16. 简述固定资产的日常管理。

第六章　成本费用管理

一、名词解释

1. 成本费用管理

2. 成本费用预测

3. 目标成本

4. 产量成本预测法

5. 高低点法

6. 散布图法

7. 因素分析预测法

8. 销售收入成本费用率预测法

9. 成本费用计划

10. 主要产品单位成本计划

11. 成本费用控制

12. 成本费用控制标准

13. 标准成本

14. 期间费用

15. 预算控制

二、填空题

1. 成本费用管理就是对企业生产经营过程中生产经营费用的发生和产品成本的形成所进行的__________、__________、__________、__________和__________等一系列管理工作，是财务管理的重要组成部分。

2. 常用的成本费用预测方法有：__________、__________、__________和__________等。

3. 产品成本按照其习性，可以分为__________和__________。

4. __________是根据计划期影响成本费用的各种因素的变动来预测成本费用的变动数额和变动程度的预测方法。

5. 产品成本中直接工资费用主要受两个因素影响：__________和__________。

6. 产品成本中材料费用主要受两个因素影响：__________和__________。

7. 企业的制造费用：一部分是__________，如车间管理人员工资、办公费、折旧费等；另一部分是__________，如消耗的材料、运输费等。

8. 销售收入成本费用率预测法，是根据预计销售收入和成本费用占销售收入的比率来预测产品__________、__________、__________和__________的方法。

9. 企业的成本费用计划，在不同行业、不同企业具有不同内容。一般说来，主要包括以下几个部分：__________、__________、__________和__________。

10. 成本费用控制的具体程序包括以下步骤：__________、__________、__________和__________。

11. 材料费用的多少，主要受材料消耗量和价格两方面因素影响，直接材料标准成本是由__________和__________决定的。

12. 执行直接材料成本标准应从__________和__________两方面着手。

13. 直接工资标准成本是由__________和__________决定的。

14. 直接工资的实际成本与标准成本之间的差额就是工资成本差异，也由__________和__________两部分构成。

15. 制造费用标准成本的制定，要分别确定其__________和__________。

16. 期间费用指按会计期间归集，直接计入当期损益的费用，包括：__________、__________和__________。

三、单项选择题

1. 下列(　　)项目不得计入成本费用。

A. 开办费的摊销　　　　B. 修理期间的停工损失

C. 企业的委托代销手续费　　D. 企业支付的捐赠支出

2. 下列说法(　　)是错误的。

A. 成本是费用的对象化

B. 企业的坏账损失应列入营业外支出

C. 折旧费用属于企业成本费用的基本内容

D. 企业的税收滞纳金应从税后利润中列支

3. 下列(　　)属于企业生产经营费用按经济内容的分类。

A. 直接材料　　B. 直接工资

C. 利息费用　　D. 管理费用

4. 生产部门所发生的取暖费和水电费属于(　　)。

A. 管理费用　　B. 财务费用

C. 制造费用　　D. 销售费用

5. 下列不计入企业管理费用的税金是(　　)。

A. 增值税　　B. 房产税

C. 车船使用税　　D. 印花税

6. 固定制造费用脱离标准成本的差异由耗费差异和(　　)构成。

A. 折旧差额　　B. 价格差额

C. 数量差额　　D. 能量差额

7. 影响产品成本的主要因素不包括(　　)。

A. 直接材料费用　　B. 期间费用

C. 制造费用　　D. 废品损失

8. 当劳动生产率的提高(　　)平均工资的增长速度时，会使产品生产成本提高。

A. 低于　　B. 高于

C. 等于　　D. 高于或等于

9. 在进行计划期可比产品成本降低指标的测算中，按上年平均单位成本计算的计划年度总成本中是按(　　)计算的。

A. 计划期实际产量　　B. 计划期计划产量

C. 上年实际产量　　D. 上年预计产量

10. 计划期可比产品成本降低总额是根据(　　)计算的总成本与计划期计划总成本的差额计算的。

A. 计划期平均计划单位成本与计划期实际产量

B. 计划期实际成本与计划产量

C. 计划期计划成本与计划产量

D. 上年预计平均单位成本与计划期计划产量

11. 在成本计划中，需要计算成本降低额和降低率指标的产品是(　　)。

A. 可比产品　　B. 全部产品

C. 不可比产品　　D. 主要产品

12. 一些大中型企业实行分级核算，由各车间、部门各自编制成本费用计划，然后由(　　)汇总编制整个企业的成本费用计划。

A. 厂部　　B. 计划部门

C. 财务部门　　D. 企业管理人员

13. 与销售费用控制有相同方法的是(　　)。

A. 直接材料费用的控制　　B. 直接工资费用的控制

C. 管理费用的控制　　D. 制造费用的控制

14. 固定制造费用预算与固定制造费用标准成本的差额称为固定制造费用(　　)。

A. 耗费差异　　B. 能量差异

C. 闲置能量差异　　D. 效率差异

15. 下列属于用量标准的是(　　)。

A. 材料消耗量　　B. 原材料单价

C. 小时工资率　　D. 小时制造费用率

16. 企业为筹集资金而发生的各项费用是(　　)。

A. 财务费用　　B. 管理费用

C. 销售费用　　D. 制造费用

17. 当劳动生产率的提高幅度(　　)平均工资增长幅度时，就能节约工资费用。

A. 低于　　B. 等于

C. 高于　　D. 等于或略低于

18. 产品成本的高低，在很大程度上是由(　　)决定的。

A. 产品试验　　B. 产品制造

C. 产品设计　　D. 产品销售

19. 坏账损失应列为(　　)。

A. 管理费用　　B. 财务费用

C. 制造费用　　D. 销售费用

20. 企业用于固定资产购建的借款利息，在固定资产竣工前，应计入(　　)。

A. 财务费用　　B. 管理费用

C. 制造费用　　D. 固定资产成本

四、判断题

1. 企业所发生的业务招待费应全部计入管理费用而不是其他费用。(　　)

2. 企业的成本费用计划，在不同行业、不同企业具有不同内容。(　　)

3. 在编制成本费用计划时，不一定必须同其他计划指标口径一致。(　　)

4. 成本费用控制是事后控制，无法及时限制各项费用支出。( )

5. 对管理费用的控制，可采用审核控制的办法。( )

6. 大中型企业一般实行分级核算，车间、厂部都要计算成本。( )

7. 若当期发生较大数额的管理费用，则此管理费用可以在产成品和在产品之间合理分配。( )

8. 成本即费用，费用即成本。( )

9. 物资短缺损失应计入营业外支出，不属于成本费用的开支范围。( )

10. 新产品试制的设计费应计入企业的成本费用内。( )

11. 企业为筹集资金而发生的利息支出减利息收入，应全部计入企业成本费用内。( )

12. 企业支付的违约金不属于企业成本费用，应从税后利润列支。( )

13. 生产经营费用要素中外购材料一项与产品成本项目中的原材料项目的性质和内容一样。( )

14. 企业为管理生产而发生的费用都属于管理费用。( )

五、计算与分析题

1. 华商公司计划实现的目标利润为10万元，预测产品销售量为2 500件，产品销售税率为5%，单价预计为100元。请问：目标成本是多少？

2. 金源公司 2001 ~2005 年 A 产品的产量及总成本资料如表 6 -1。预计 2006 年 A 产品的产量为 600 件，要求预测 2006 年的总成本。

表 6 -1　金源公司 2001 ~2005 年 A 产品的产量及总成本资料

年　度	2001	2002	2003	2004	2005
产量 x（件）	400	420	450	480	500
总成本 y（元）	90 000	93 000	100 500	105 500	110 000

3. 宏大公司生产甲产品，2005 年产量为 10 000 件，实际平均单位成本为 50 元。2006 年计划产量增长 20%，经预测 2006 年有关技术经济指标变动如下：

原材料消耗定额降低	10%
原材料价格平均上涨	4%
生产工人劳动生产率提高	15%
生产工人平均工资增长	5.8%
制造费用增加	14%
废品损失减少	50%

已知在产品成本中各项目比重为：

直接材料费用	65%
直接人工费用	15%
制造费用	18%

废品损失 2%

合计 100%

要求：根据以上资料，测算甲产品2006年产品成本降低率和降低额。

4. 兴华公司计划实现目标利润120 000元，预测产品销售量为4 000件，产品单位价格预计为99元，此4 000件产品系一批出售，价外费用共计4 000元，增值税率为17%，期间费用为36 000元。试计算产品的目标成本为多少？

5. 益阳工厂生产可比产品乙产品，2005年乙产品中材料费用占成本的30%，预计2006年材料消耗定额降低10%，价格上升5%。请测算由于材料价格和消耗定额同时影响的成本降低率。

6. 光明公司2005年产量为1 000件，共雇佣10个工人，工资总额为10 000元，预计2006年产量增加20%，雇佣工人12人，工资总额为10 800元。2005年工资总额占产品成本的40%。请根据以上资料测算该公司2006年工资费用对成本的影响。

7. 凯撒工厂制造费用占成本比重为20%，计划年度产品产量比上年增长25%，制造费用比上年增长8%。要求：

（1）计算由生产增长超过制造费用增长影响的成本降低率；

（2）若要使成本降低3%，企业生产保持基本水平不变，要使制造费用比上年降低多少？

（3）若要使成本降低3%，生产增长25%，又必须使制造费用比上年降低多少？

8. 哈曼公司上年生产甲产品2 000件，单位成本100元，计划年度生产增长20%，原材料费用在上年成本中占60%，其中：所耗用的A材料占原材料费用40%，预计计划年度A材料消耗定额下降10%，价格上涨5%，其余材料无变化。请计算：材料消耗定额和材料价格变动所形成的成本降低率和成本降低额。

六、简答题

1. 简述成本费用管理的意义。

2. 成本费用管理的要求有哪些?

3. 目标成本如何确定?

4. 目标成本如何分解?

5. 成本费用计划包含哪几部分？

6. 成本费用计划编制的要求是什么？

7. 成本费用控制有哪些程序？

8. 财务费用控制应注意哪几方面？

第七章　收 益 管 理

一、名词解释

1. 营业收入

2. 成本加成定价法

3. 保本定价法

4. 竞争定价法

5. 协商定价法

6. 营业收入预测

7. 判断预测法

8. 调查分析法

9. 趋势预测分析法

10. 本量利预测法

11. 分析计算法

12. 利润

13. 比率计算法

14. 销售利润率

15. 利润增长比率法

16. 剩余政策

17. 固定股利政策

二、填空题

1. 常用的心理定价策略可分为：____________、____________和____________。

2. 目前，我国价格关系已经基本理顺，国家对绝大多数产品的价格不再直接控制，企业对自己生产的商品有充分的自主定价权。企业应认真贯彻执行国家的有关价格政策，按照市场规律，合理地制定出商品出厂价格。商品批发价格和零售价格要以商品出厂价格为基础。定价方法主要有以下几种：__________、__________和__________。

3. 定性预测即根据已有的经验和市场调查得到的信息资料，推测和预计未来的销售收入。定性预测方法主要有以下两种：__________和__________。

4. 定量预测即根据历史销售资料和市场调查信息运用一定的数学模型来预测未来的销售收入。常用的定量预测方法有以下两种：__________和__________。

5. 趋势预测分析法，是根据历史资料，按一定时期预测对象的时间序列的平均数作为某个未来时期预测值的一类预测方法，具体包括：__________、__________、__________和__________。

6. 营业收入计划的编制主要有两种方法：__________和__________。

7. 利润管理的主要内容包括：__________、__________、__________和__________等。

8. 企业增加利润的主要途径是：__________、__________和__________。

9. 商品销售利润预测的常用方法有：__________、__________和__________等。

10. 比率计算法就是根据历史上企业利润与有关财务指标的变动趋势，来预测计划期利润的方法。常用的比率有：__________和__________等。

11. 企业的利润计划由__________、__________和__________三部分组成。

12. 企业进行利润分配应遵循以下原则：__________、__________和__________。

13. 我国境内的各类企业税后利润都应按照下列顺序分配：__________、__________、__________、__________和__________等。

14. 股东出于对自身利益的考虑，可能对公司的利润分配提出限制、稳定或提高股利发放率等不同意见，包括：__________、__________、__________和__________。

15. 企业在确定利润分配政策时，应综合考虑各种影响因素，结合自身实际情况，权衡利弊得失，从优选择。在理财实践中，企业经常采用的收益分配政策主要有以下几种：__________、__________、__________和__________。

三、单项选择题

1. 下列各项收入属于其他收入的是(　　)。

A. 产成品销售收入

B. 自制半成品收入

C. 销售原材料取得的收入

D. 对外提供工业性劳务取得的收入

2. 下列各项对营业收入无影响的是(　　)。

A. 销售退回　　B. 销售折扣

C. 销售折让　　D. 结算方式

3. 企业给客户提供现金折扣的目的是(　　)。

A. 为了尽快收回货款

B. 为了扩大销售

C. 为了提高企业信誉

D. 为了增加企业的销售收入

4. 下列销售预测方法，属于专家判断法的是(　　)。

A. 意见汇集法　　B. 特尔菲法

C. 移动平均法　　D. 季节预测法

5. 下列预测方法属于因果分析法的是(　　)。

A. 简单回归分析法　　B. 季节预测法

C. 加权移动平均法　　D. 特尔菲法

6. 下列税种属于对财产征税的是(　　)。

A. 土地使用税　　B. 印花税

C. 房产税　　D. 耕地占用税

7. 下列各项业务属于增值税征税范围的是(　　)。

A. 对外提供修理修配劳务　　B. 进口商品

C. 银行销售金银业务　　D. 对外提供运输业务

8. 用以计算增值税销项税额的销售额不应包括(　　)。

A. 向买方收取的价外费用

B. 向买方收取的销项费用

C. 向买方收取的手续费

D. 向买方收取的包装费

9. 一般纳税人的下列各项进项税额准予从销项税额中抵扣的是(　　)。

A. 进口应税商品从海关取得的完税凭证上注明的增值税税额

B. 购买固定资产取得的增值税专用发票上注明的进项税额

C. 用于集体福利的购进货物的进项税额

D. 非正常损失的购进货物的进项税额

10. 企业生产下列产品应当缴纳消费税的是(　　)。

A. 生产机器设备　　B. 生产化妆品

C. 生产服装　　D. 生产食用油

11. 企业经营下列(　　)业务，应当缴纳营业税。

A. 修理修配业务　　B. 生产加工业务

C. 商品批发零售业务　　D. 销售不动产业务

12. 在计算企业所得税时，下列各项可以从收入中扣除的是(　　)。

A. 对外投资的支出　　B. 无形资产开发的支出

C. 销售商品发生的消费税　　D. 各种税金的滞纳金

13. 企业的法定公积金应当从(　　)中提取。

A. 利润总额　　B. 税后净利润

C. 营业利润　　D. 营业收入

14. 企业提取的公积金不能用于(　　)。

A. 弥补企业亏损　　B. 支付股利

C. 增加注册资本　　D. 集体福利支出

四、多项选择题

1. 下列各项收入属于主营业务收入的是(　　)。

A. 销售产成品的收入

B. 销售自制半成品的收入

C. 出租固定资产的收入

D. 对外提供工业性劳务收入

E. 无形资产转让收入

2. 下列销售预测方法属于判断分析法的是(　　)。

A. 意见汇集法　　B. 专家个人意见汇集法

C. 专家小组法　　D. 特尔菲法

E. 调查分析法

3. 下列各种税金属于流转税的是(　　)。

A. 增值税　　B. 消费税

C. 营业税　　D. 关税

E. 土地使用税

4. 按照税法规定不得从销项税额中抵扣的进项税额有

( )。

A. 购进固定资产

B. 用于非应税项目的购进货物

C. 用于集体福利的购进货物

D. 用于免税项目的购进货物

E. 用于生产产品购进原材料

5. 在计算所得税时，下列各项准予从收入总额中扣除的项目有( )。

A. 建造固定资产的支出

B. 各项税金的滞纳金

C. 生产经营过程中发生的期间费用

D. 投资损失

E. 各种非广告性质的赞助支出

6. 企业基金主要用于( )方面。

A. 职工集体福利设施开支

B. 发放职工劳动竞赛奖励

C. 扩大再生产

D. 对外投资

E. 改进生产技术设施

7. 企业提取的公积金可以用于( )。

A. 弥补企业亏损　　B. 增加注册资本

C. 发放股利　　D. 集体福利支出

E. 发放职工奖金

8. 公益金可以用于( )。

A. 建造职工食堂　　B. 购置职工集体宿舍

C. 修建企业的医务室　　D. 购买生产设备

E. 发放职工奖金

五、判断题

1. 其他业务收入是指企业对外投资活动所取得的收入。（　）

2. 工业企业出租固定资产和包装物所取得的收入属于其他业务收入。（　）

3. 商业折扣是企业给予在规定日期以前付款的客户的价格优惠，其目的是为了尽快收回货款。（　）

4. 专家判断法是由学有专长的专家对某种产品的未来销售量进行判断和预测的一种方法，因此属于定量分析法。（　）

5. 特尔菲法是一种专家判断法。（　）

6. 指数平滑法能够消除采用加权平均法所带来的某些预测计算的偏差。（　）

7. 季节预测法一般适用销售带有明显季节性的产品。（　）

8. 本量利预测法不能用于销售预测。（　）

9. 增值税属于流转税，是对商品生产或流通各环节的新增价值或商品附加值进行征税。（　）

10. 从事汽车修理业务，应当缴纳营业税。（　）

11. 小规模纳税人一般不使用增值税专用发票。（　）

12. 在计算增值税时，销售货物的销售额，不仅包括向买方收取的全部价款，还包括收取的价外费用。（　）

13. 一般纳税人外购固定资产所支付的运输费用，可以根据运费计算单据所列运费金额的10%计算进项税额，准予扣除。（　）

14. 进口货物以报关进口的当天为纳税义务发生时间。（　）

15. 消费税属于价内税，在应税商品的价款中已包含消费税。（　）

16. 企业自产自用应税消费品时，不需缴纳消费税。（　）

17. 企业销售不动产，应当缴纳营业税。（　）

18. 企业改变生产经营方式、范围时，不必到税务机关申报办理变更登记。（　）

19. 企业所得税只对企业的生产经营所得征税，其他所得不属于所得税的征收范围。（　）

20. 企业的应纳税所得额是通过企业的利润总额乘以所得税税率计算得来的。（　）

21. 企业发生亏损时，只能用企业的税后利润弥补，不能用税前利润弥补。（　）

22. 企业缴纳所得税一般采用按期预缴，年终汇算清缴的办法。（　）

23. 销售收入是由边际利润和变动成本构成的。（　）

24. 企业的法定盈余公积金是按照利润总额的10%计提的。（　）

25. 企业应当在提取盈余公积金和公益金之后才能向投资者分配利润。（　）

26. 用公积金增加注册资本后，法定盈余公积金不能低于企业注册资本的25%。（　）

27. 公益金除了用于职工集体福利支出外，也可以用于增加企业的注册资本。（　）

六、计算与分析题

1. 海乐公司计划生产一种新型儿童玩具，经预测其销售单价为50元，单位变动成本为30元，固定成本总额为10 000元。

要求：

（1）计算生产销售该种玩具的保本点销售量和销售额。

（2）如果预定的目标利润为 30 000 元，计算实现目标利润的目标销售额。

2. 经市场调查与预测，晓岩公司在计划期间可生产并销售 A 产品 800 件，销售单价为 100 元，单位变动成本为 80 元，固定成本总额为 10 000 元。要求：

（1）预测该公司在计划期间的利润。

（2）若想将利润提高 10%，试对影响利润的 4 项因素进行分析，应采取哪些单项措施？

3. 海宏公司通过对生产工艺的改进，计划期间生产并销售甲产品的数量将由原来的 800 件增加到 1 200 件，同时为了扩大销售，销售单价将从原来的 100 元降到 95 元，单位变动成本从原来的 80 元降到 74 元，而固定成本总额从原来的 10 000 元增加到 12 000 元。要求：综合预测各有关因素同时变动后对利润的影响。

4. 哈勃公司生产甲商品，单位售价为100元，固定成本总额为200 000元，单位产品变动成本为60元。试计算盈亏平衡点销售量是多少？

5. 恒源公司2005年销售利润率为8%，预计2006年产品销售净收入总额可望达到1 500万元。试计算恒源公司2006年的目标利润为多少？

6. 哈维公司计划年度生产新产品丙产品，计划成本总额为580 000元，预计应销比例为98%，预计成本利润率为10%。试计算不可比产品目标销售利润是多少？

7. 田原公司 2005 年实际利润总额为 50 万元，预计年利润增长率为 6%。试计算田原公司 2006 年的目标利润为多少？

8. 华阳公司利润分配采用剩余政策。2005 年提取公积金、公益金后的净利润为 600 万元，2006 年投资计划所需资金为 700 万元，公司的目标资本结构为投资者权益资本占 60%，债务资本占 40%。要求：

（1）按照目标资本结构的要求，该公司投资方案所需增加的投资者权益资本数额是多少？

（2）按照剩余政策的要求，该公司 2005 年可向投资者分配的利润额是多少？

七、简答题

1. 简述商品定价策略。

2. 简述心理定价策略。

3. 简述定价方法。

4. 营业收入的定性预测有哪几种方法？

5. 营业收入的定量预测有哪几种方法？

6. 如何编制营业收入计划？

7. 利润管理的要求有哪些？

8. 增加利润的途径是什么？

9. 营业利润预测的方法有哪几种？

10. 常用的比率计算法有哪两种？

11. 编制利润计划的意义是什么？

12. 利润计划的编制方法有哪些？

13. 利润分配的原则有哪些？

14. 利润分配程序是什么？

15. 影响利润分配政策的法律因素有哪些？

16. 影响利润分配政策的股东因素有哪些？

17. 影响利润分配政策的公司因素有哪些？

18. 影响利润分配政策的其他因素有哪些？

19. 简述剩余股利政策。

第八章　财 务 分 析

一、名词解释

1. 财务分析

2. 比较分析法

3. 比率分析法

4. 预定指标

5. 历史标准

6. 行业标准

7. 公认标准

8. 趋势分析法

9. 定基动态比率

10. 环比动态比率

11. 因素分析法

12. 连环替代法

13. 差额分析法

14. 百分比差额分析法

15. 分组分析法

16. 平衡分析法

17. 指标分解法

18. 定基分析法

19. 企业偿债能力

20. 流动比率

21. 速动比率

22. 长期偿债能力

23. 资产负债率

24. 产权比率

25. 已获利息倍数

26. 所有者权益比率

27. 权益乘数

28. 应收账款周转率

29. 存货周转率

30. 流动资产周转率

31. 固定资产周转率

32. 总资产周转率

33. 主营业务利润率

34. 成本费用利润率

35. 总资产报酬率

36. 净资产收益率

37. 资本保值增值率

38. 社会贡献率

39. 销售（营业）增长率

40. 资本积累率

41. 总资产增长率

42. 固定资产成新率

43. 三年销售平均增长率

44. 三年利润平均增长率

45. 三年资本平均增长率

二、填空题

1. 按财务分析的对象不同可分为：______________________、______________________和______________________。

2. 按财务分析的主体不同可分为：________和________。

3. 按财务分析的方法不同可分为：________和________。

4. 按财务分析的目的不同可分为：________、________、________、________和________等。

5. 在财务分析中涉及财务会计报告的主要报表有：________、________和________等。

6. ________是反映企业一定日期全部资产、负债和所有者权益的情况。

7. ________是反映企业在一定会计期间经营成果（企业赚钱的能力）的报表。

8. 为了说明问题，需选用一定的标准与之对比，以便对企业的财务状况作出评价。通常用作对比的标准有：________、________、________和________。

9. 趋势分析法的具体运用主要有三种形式：________、________和________。

10. ________是以某一时期的数额为固定的基期数额而计算出来的动态比率。

11. ________是以每一分析期的前期数额为基期数额而计算出来的动态比率。

12. ________是将分析指标分解为各个可以计量的因素，并根据各个因素之间的依存关系，顺序用各因素的比较值（通常即实际值）替代基准值（通常即标准值或计划值），据以测定各因素对分析指标的影响。

13. ________是连环替代法的一种简化形式，它是利用各个因素实际数与基数之间的差额，直接计算各个因素对经济指标差异的影响数值。

14. 衡量企业短期偿债能力指标主要有：______、______和______。

15. 衡量企业长期偿债能力的主要指标有：______、______、______、______和______等。

16. 衡量营运能力的指标主要有：______、______和______三项。

17. 反映流动资产周转情况的指标主要有：______、______和______等。

18. 盈利能力就是企业赚取利润的能力，它通常表现为企业收益数额的大小和水平的高低。由于企业会计的六大要素有机统一于企业资金运动过程，并通过筹资、投资活动取得收入，补偿成本费用，从而实现利润。因此，可以按照会计基本要素设置：______、______、______、______、______、______和______等指标，藉以评价企业各要素的盈利能力及资本保值增值情况。

19. 发展能力是指企业在生存的基础上，扩大规模、壮大实力的潜在能力。反映企业发展能力的指标主要有：______、______、______、______、______、______和______等。

20. ______是企业本年总资产增长额同年初资产总额的比率，它反映企业本期资产规模的增长情况。

三、单项选择题

1. 企业的财务报告不包括（　　）。

A. 现金流量表　　B. 财务状况说明书

C. 利润分配表　　D. 比较百分比会计报表

2. 资产负债表不提供下列（　　）财务信息。

A. 资产结构　　B. 负债水平

C. 经营结果　　D. 资金来源状况

3. 下列财务比率反映企业短期偿债能力的有（　　）。

A. 现金流量比率　　B. 资产负债比率

C. 偿债保障比率　　D. 利息保障倍数

4. 下列财务比率反映企业营运能力的有（　　）。

A. 资产负债率　　B. 流动比率

C. 存货周转率　　D. 资产报酬率

5. 下列经济业务会使企业的速动比率提高的是（　　）。

A. 销售产成品

B. 收回应收货款

C. 购买短期债券

D. 用固定资产对外进行长期投资

6. 下列各项业务不会影响流动比率的是（　　）。

A. 赊购原材料　　B. 用现金购买短期债券

C. 用存货对外进行长期投资　　D. 向银行借款

7. 下列各项业务会影响到企业资产负债率的是（　　）。

A. 以固定资产的账面价值对外进行长期投资

B. 收回应收账款

C. 接受所有者以固定资产进行的长期投资

D. 用现金购买股票

8. 下列财务比率中，（ ）可以反映企业的偿债能力。

A. 平均收款期　　B. 销售利润率

C. 权益总资产比率　　D. 已获利息倍数

9. 红源公司年初流动比率为2.2，速动比率为1.0，当年期末流动比率为2.5，速动比率为0.8。下列各项中（ ）可以解释年初与年末之差异。

A. 相对于现金销售，赊销增加

B. 当年存货增加

C. 应付账款增加

D. 应收账款的收回速度加快

10. 哈勃公司的部分年末数据为：流动负债60万元，速动比率为2.5，流动比率为3.0，销售成本为50万元，则，年末存货周转次数为（ ）。

A. 1.2次　　B. 2.4次

C. 1.67次　　D. 以上都不对

11. （ ）引起企业的销售利润率降低。

A. 增加销货　　B. 降低单位成本消耗

C. 加速折旧　　D. 提高售价

12. 流动比率反映的是（ ）。

A. 短期偿债能力　　B. 长期偿债能力

C. 流动资金周转状况　　D. 流动资金利用状况

13. 除了（ ）以外，其他都是分析企业资金周转状况的比率。

A. 已获利息倍数　　B. 应收账款平均收款期

C. 存货周转率　　D. 流动资产周转率

14. 属于综合财务分析法的有（ ）。

A. 比率分析法　　B. 比较分析法

C. 杜邦分析法　　D. 趋势分析法

15. 资产负债表是按照（　　）排序的。

A. 重要性　　B. 流动性

C. 资金来源　　D. 资产用途

16. 早期财务分析的中心是（　　）。

A. 资产负债表　　B. 损益表

C. 财务状况变动表　　D. 会计账簿

17. 下列（　　）不是企业资产负债表提供的财务信息。

A. 获利水平　　B. 资产结构

C. 资产流动性　　D. 资产来源状况

18. 分析企业短期偿债能力的比率为（　　）。

A. 利息保障倍数　　B. 速动比率

C. 应收账款平均收账期　　D. 固定资产利用率

19. 分析企业资金周转状况的比率有（　　）。

A. 速动比率　　B. 负债比率

C. 应收账款平均收账期　　D. 权益总资产率

20. 趋势分析法主要有（　　）。

A. 比较财务报表法

B. 杜邦分析法

C. 比率分析法

D. 比较财务比率法与杜邦分析法

21. 雨情公司2005年底，各项目余额是：货币资金2 000万元，应收票据10 000万元，应付账款25 000万元，应收账款40 000万元，临时借款13 000万元，应付票据8 000万元，应交税金2 000万元。则该公司的速动比率是（　　）。

A. 1.08　　B. 1.13

C. 0.92　　D. 1.3

22.（　　）是流动资产与流动负债的比率。

A. 速动比率　　B. 流动比率

C. 资产负债率　　D. 权益总资产率

23. 一般认为，企业速动比率不能低于（　　）。

A. 2　　B. 1

C. -1　　D. -2

24. 亨达公司 2005 年度向银行借款 1 000 万元，年利率 10%，计税所得额为 500 万元，所得税税率 33%，企业净收益 335 万元，则该公司已获利息倍数是（　　）。

A. 6 倍　　B. 5 倍

C. 3.35 倍　　D. 2 倍

25. 权益总资产率和资产负债率就其变动趋势看（　　）。

A. 是不一致的　　B. 是一致的

C. 是背离的　　D. 既背离又一致

26. 凯乐公司 2005 年年初存货 1 000 万元，本期购入 5 000 万元，期末存货 3 000 万元。本期销售收入 8 000 万元，销售成本 4 500 万元，则该公司 2005 年存货周转次数为（　　）。

A. 2.25 次　　B. 2 次

C. 1 次　　D. 1.25 次

27. 殷鸿公司 2005 年年初资产占用 400 万元，年末占用 600 万元，本年利润净额 10 万元，销售税金 8 万元，利息支出 4 万元，则该公司本年资产报酬率为（　　）。

A. 4.4%　　B. 3.6%

C. 2%　　D. 2.8%

28. 德祥公司 2005 年度实现税前利润 80 万元，产品销售税金 10 万元，应交所得税 30 万元。2004 年企业成本为 1 000 万元，2005 年比上年增长 25%，则该公司 2005 年成本利润率是

(　　)。

A. 8%　　B. 6.4%

C. 4%　　D. 3.2%

29. 流动比率在什么情况下比较合适（　　）。

A. 2　　B. 5

C. 0.5　　D. 10

30. 在流动资产中，变现能力最低的是（　　）。

A. 应收账款　　B. 应收票据

C. 预付账款　　D. 各种存货

31. 凯斯公司 2005 年年终，负债总额为 600 万元，股东权益为 540 万元，则权益总资产率为（　　）。

A. 211%　　B. 111%

C. 90%　　D. 11%

32. 艾利斯公司 2005 年度销售总额为 900 万元，销售利润额为 180 万元，销售税金 9 万元，则销售利润率为（　　）。

A. 20%　　B. 50%

C. 21%　　D. 19%

四、多项选择题

1. 对企业进行财务分析的目的有（　　）。

A. 评价企业的偿债能力　　B. 评价企业的资产管理水平

C. 评价企业的获利能力　　D. 评价企业的发展趋势

E. 评价企业投资项目的可行性

2. 企业的财务报告主要包括（　　）。

A. 资产负债表　　B. 利润表

C. 现金流量表　　D. 财务状况说明书

E. 利润分配表

3. 财务分析按其分析的方法不同，可以分为（　　）。

A. 比率分析法　　B. 比较分析法

C. 内部分析法　　D. 外部分析法

E. 趋势分析法

4. 下列财务比率属于反映企业短期偿债能力的有（　　）。

A. 现金比率　　B. 资产负债率

C. 到期债务偿付比率　　D. 现金流量比率

E. 股东权益比率

5. 下列经济业务会影响流动比率的有（　　）。

A. 销售产成品

B. 偿还应付账款

C. 用银行存款购买固定资产

D. 用银行存款购买短期有价证券

E. 用固定资产对外进行长期投资

6. 下列财务比率属于反映企业长期偿债能力的有（　　）。

A. 股东权益比率　　B. 现金流量比率

C. 应收账款周转率　　D. 偿债保障比率

E. 利息保障倍数

7. 下列经济业务会影响偿债保障比率的有（　　）。

A. 用银行存款偿还银行借款　　B. 收回应收账款

C. 用银行存款购买固定资产　　D. 发行公司债券

E. 用银行存款购买原材料

8. 下列各项因素会影响企业的偿债能力的有（　　）。

A. 已贴现未到期的商业承兑汇票

B. 经济诉讼案件

C. 为其他企业的银行借款提供担保

D. 经营租赁固定资产

E. 可动用的银行贷款指标

9. 下列财务比率属于反映企业营运能力的有（　　）。

A. 存货周转率　　B. 现金流量比率

C. 固定资产周转率　　D. 总资产周转率

E. 市盈率

10. 下列经济业务会影响企业存货周转率的有（　　）。

A. 收回应收账款　　B. 销售产成品

C. 期末购买存货　　D. 偿还应付账款

E. 产品完工验收入库

11. 下列经济业务会影响企业应收账款周转率的有（　　）。

A. 赊销产成品　　B. 现销产成品

C. 期末收回应收账款　　D. 发生销货退回

E. 发生销售折扣

12. 企业财务状况的趋势分析常用的方法有（　　）。

A. 比较财务报表法　　B. 比较百分比财务报表法

C. 比较财务比率法　　D. 图解法

E. 杜邦分析法

五、判断题

1. 投资者在进行财务分析时，主要是了解企业的发展趋势。（　　）

2. 财务分析主要是以企业的财务报告为基础，日常核算资料作为财务分析的一种补充资料。（　　）

3. 企业的银行存款和其他货币资金中不能随时用于支付的部分不应作为现金反映在现金流量表中。（　　）

4. 企业销售一批存货，无论货款是否收回，都可以使速动比率增大。（　　）

5. 企业用银行存款购买一笔期限为 3 个月、随时可以变现的国债，会降低现金比率。（ ）

6. 如果企业的负债资金的利息率低于其资产报酬率，则提高资产负债率可以增加所有者权益报酬率。（ ）

7. 偿债保障比率可以用来衡量企业通过经营活动所获得的现金偿还债务的能力。（ ）

8. 或有负债不是企业现实的债务，因此，不会影响到企业的偿债能力。（ ）

9. 企业以经营租赁方式租入资产，虽然其租金不包括在负债之中，但是，也会影响到企业的偿债能力。（ ）

10. 企业的应收账款周转率越大，说明发生坏账损失的可能性越大。（ ）

11. 成本费用净利率越高，说明企业为获得利润所付出的成本费用越多，则企业的获利能力越差。（ ）

12. 市盈率越高的股票，其投资的风险也会越大。（ ）

13. 内部分析只利用财务会计提供的资料。（ ）

14. 现代财务分析的中心是利润表。（ ）

15. 财务分析的范围可以是企业经营活动的某一方面，也可以是企业经营活动的全过程。（ ）

16. 流动比率越高，说明企业偿债能力越强。（ ）

17. 一般来说，企业的利息保障倍数至少要大于 1。（ ）

18. 存款周转率越高，说明企业存货管理的越好。（ ）

19. 资产报酬率主要取决于总资产周转率与净利润两个因素。（ ）

20. 毛利润是销售收入减销售成本后的利润。（ ）

21. 应收账款周转率过低或过高对企业都可能是不利的。（ ）

22. 计算应收账款周转率，采用赊销净额比较合适。（ ）

23. 权益总资产比率越大，企业盈利能力越高。（ ）

24. 比较百分比财务报表法比比较财务报表法更能准确地分析企业的发展趋势。（ ）

25. 比较财务报表是比较企业两期财务报表的历史数据。（ ）

26. 总资产周转率越低，说明企业利用资产进行经营的效率较差。（ ）

27. 所有者权益比率是用于评价企业长期偿债能力的财务指标。（ ）

六、计算与分析题

1. 萨亚大公司2005年销售收入为20万元，毛利率为40%，赊销比例为80%，销售净利润率为16%，存货周转率为5次，期初存货余额为2万元，期初应收账款余额为4.8万元，期末应收账款余额为1.6万元，速动比率为1.6，流动比率为2，流动资产占资产总额的28%，该公司期初资产总额为30万元。期末无待摊费用和待处理流动资产损失。请计算：

（1）应收账款周转率。

（2）总资产周转率。

（3）资产净利率。

2. 华商公司为生产和摊销一种新产品，现着手预测新的流动资金需求，需要建立一个 2006 年 12 月 31 日预计资产负债表。该公司 2006 年预计销售额为 200 万元。该公司所处行业的平均财务比率如下：流动比率 2.2，权益报酬率 25%，权益总资产（权益乘数）为 1.8。销售净利率为 5%，短期贷款与股东权益之比为 1∶2，应收账款与销售额之比为 1∶10，速动比率为 1∶2，资产负债率为 4∶9。请计算：

（1）完成下列简易资产负债表（假设该公司维持行业平均水平，且不存在无形资产）。

现金	________	短期流动负债	________
应收账款	________	长期负债	________
存货	________	总负债	________
流动资产总计	________	股东权益总额	________
固定资产总计	________		
资产总计	________	负债及所有者权益总计	________

（2）计算该公司预计的资产利润率。

3. 丽萨公司 2005 年实现销售收入 1 000 万元，有 50% 可以随时取得货款。销售过程中，发生 5% 的销售折扣，另有部分产品因质量不合乎要求，已由购货单位退回，价值 30 万元。该公司年初应收账款余额 120 万元，年末 160 万元。试计算该公司应收账款周转率。

七、简答题

1. 简述财务分析的意义。

2. 不同人员对财务分析的目的有什么不同？

3. 按财务分析的对象不同可分为哪几种分析方法？

4. 按财务分析的主体不同可分为哪几种分析方法？

5. 按财务分析的方法不同可分为哪几种分析方法?

6. 简述财务分析中资料来源的局限性。

7. 针对各种局限性，在进行财务分析时，应当采取哪些补救措施?

8. 简述比较分析法。

9. 简述比率分析法。

10. 什么是趋势分析法？

11. 什么是因素分析法？

12. 简述短期偿债能力分析。

13. 运用流动比率时，须注意哪些问题？

14. 影响企业偿债能力的其他因素有哪些？

15. 什么是盈利能力分析？

16. 什么是发展能力分析？

第二部分　参 考 答 案

第一章　财务管理导论

一、名词解释

1. 财务管理——是基于企业生产经营过程中客观存在的财务活动和财务关系而产生的，它是利用价值形式对企业生产经营过程进行的管理，是企业组织财务活动，处理与各方面财务关系的一项综合性管理工作。

2. 企业财务管理的目标——是指企业财务管理所要达到的最终目的。财务管理是企业管理的一个重要组成部分，财务管理的目标应该与企业管理的最终目标相一致。

3. 财务预测——是根据财务活动的历史资料，在分析研究的基础上，运用一定的方法对未来时期的财务活动所作的分析和估算工作。它可以提高预见性，避免盲目性，是一项取得最优财务管理业绩的措施，是一项有远见的工作，也是财务管理的重要工作。

4. 财务决策——是指财务人员在财务预测的前提下，按照财务目标的总体要求，利用专门方法，对若干个备选方案进行比较、分析、评价，并从中选择出最佳方案的过程。财务决策一般包括：

筹资决策、投资决策、成本决策、收入决策和利润分配决策等。

5. 财务预算——是指运用科学的技术手段和数量方法，对未来财务活动的内容及指标所进行的具体规划。财务预算是以财务决策确立的方案和财务预测提供的信息为基础编制的，是财务预测和财务决策的具体化，是控制财务活动的依据。

6. 财务分析——是以会计、统计所提供的资料为依据，运用特定的方法，对企业财务活动的过程及其结果所进行的调查、分析和评价工作。

二、填空题

1. 价值管理

2. 利润最大化、资本利润率最大化或每股利润最大化、企业价值最大化

3. 筹集、投放、使用、收回和分配

4. 筹资管理目标、投资管理目标

5. 财务预测、财务决策、财务预算、财务控制和财务分析

三、单项选择题

1. D　2. A　3. D　4. C　5. B
6. B　7. C

四、多项选择题

1. ABCD　2. ABCDE　3. BCE　4. ABCE
5. ABCDE

五、判断题

1. √　2. √　3. ×　4. √　5. ×

6. √

六、简答题

1. 简述企业的财务活动。

答：企业财务活动是以现金收支为主的企业资金收支活动的总称。财务活动具体包括：资金的筹集、投放、使用、收回及分配等一系列行为。从整体上讲，财务活动包括以下四个方面：

（1）筹资活动引起的财务活动。所谓筹资，是指企业为了满足投资和用资的需要，从一定的渠道，采用特定的方式，筹措和集中所需资金的过程。筹集资金是企业进行生产经营活动的前提，也是资金运动的起点。

（2）投资活动引起的财务活动。企业取得资金后，必须将资金投入使用，以谋求最大的经济效益；否则，筹资就失去了目的和效用。企业投资可以分为广义的投资和狭义的投资两种。广义的投资是指企业将筹集的资金投入使用的过程，包括企业内部使用资金的过程（如购置流动资产、固定资产、无形资产等）和对外投放资金的过程（如投资购买其他企业的股票、债券或与其他企业联营等）。狭义的投资仅指对外投资。无论企业购买内部所需资产，还是购买各种证券，都需要支付资金。而当企业变卖其对内投资形成的各种资产或收回对外投资时，则会产生资金的收入。这种因企业投资而产生的资金收付，便是由投资而引起的财务活动。

（3）资金营运活动引起的财务活动。企业在日常生产经营过程中，会发生一系列的资金收付。首先，企业要采购材料或商品，以便从事生产和销售活动，同时，还要支付工资和其他营业费用；其次，当企业把产品或商品售出后，便可取得收入，收回资金；第三，如果企业现有资金不能满足企业经营的需要，还要采取短期借款方式来筹集所需资金。上述各方面都会产生企业资金的收付。这种因企业日常生产经营而引起的财务活动，称为资金营运活动。

（4）分配活动引起的财务活动。企业通过投资或资金营运活动可以取得相应的收入，并实现资金的增值。企业取得的各种收入在补偿成本、缴纳税金之后，还应根据现行法规及规章对剩余收益予以分配。广义地说，分配是指对企业各种收入进行分割和分派的过程；而狭义的分配仅指对企业净利润的分配。

上述财务活动的四个方面，不是相互割裂、互不相关的，而是相互联系、相互依存的。正是上述互相联系又有一定区别的四个方面，构成了完整的企业财务活动。

2. 简述企业的财务关系。

答：企业财务关系，是指企业在组织财务活动过程中，与有关各方发生的经济利益关系。企业的资金筹集、投放、使用、回收和分配，与企业上下左右各方面有着广泛的联系，企业的财务关系可概括为以下几个方面：

（1）企业与投资者之间的财务关系。这主要是指企业的投资者向企业投入资金，企业向其投资者支付投资报酬所形成的经济关系。企业的所有者要按照投资合同、协议、章程的约定履行出资义务以便及时形成企业的资本。企业利用资本进行营运，实现利润后，应该按照出资比例或合同、章程的规定，向其所有者支付投资报酬。如果同一企业有多个投资者，它们的出资比例不同，就决定了他们各自对企业所承担的责任不同，相应对企业享有的权利和利益也不相同。

（2）企业与债权人之间的财务关系。这主要是指企业向债权人借入资金，并按借款合同的规定按时支付利息和归还本金所形成的经济关系。企业除利用资本进行经营活动外，还要借入一定数量的资金，以便降低企业资金成本，扩大企业经营规模。企业的债权人主要有本企业发行的公司债券的持有人、贷款机构、商业信用提供者、其他出借资金给企业的单位和个人。企业利用债权人的资金，要按约定的利息率，及时向债权人支付利息；债务到期时，要合理调度资金，按时向债权人归还本金。企业同其债权人的财务关系在性质上属于债务与债权的关系。

（3）企业与受资者之间的财务关系。这主要是指企业以购买股票或直接投资的形式向其他企业投资所形成的经济关系。随着市场经济的不断深入发展，企业经营规模和经营范围的不断扩大，这种关系将会越来越广泛。企业向其他单位投资，应按约定履行出资义务，并依据其出资份额参与受资者的经营管理和利润分配。企业与受资者的财务关系是体现所有权性质的投资与受资的关系。

（4）企业与债务人之间的财务关系。这主要是指企业将其资金以购买债券、提供借款或商业信用等形式出借给其他单位所形成的经济关系。企业将资金借出后，有权要求其债务人按约定的条件支付利息和归还本金。企业同其债务人的关系体现的是债权与债务的关系。

（5）企业与政府之间的财务关系。中央政府和地方政府作为社会管理者，担负着维持社会正常秩序、保卫国家安全、组织和管理社会活动等任务，行使政府行政职能。政府依据这一身份，无偿参与企业利润的分配。企业必须按照税法的规定，向中央和地方政府缴纳各种税款，包括所得税、流转税、资源税、财产税和行为税等。这种关系体现一种强制和无偿的分配关系。

（6）企业内部各单位之间的财务关系。这主要是指企业内部各单位之间，在生产经营各环节中，相互提供产品或劳务形成的经济关系。企业在实行厂内经济核算制和企业内部经营责任制的条件下，企业供、产、销各个部门以及各个生产单位之间，相互提供的劳务和产品也要计价结算。这种在企业内部形成的资金结算关系，体现了企业内部各个单位之间的利益关系。

(7) 企业与职工之间的财务关系。这主要是指企业向职工支付劳动报酬过程中所形成的经济关系。职工是企业的劳动者，他们以自身提供的劳动作为参加企业分配的依据。企业根据劳动者的劳动情况，向职工支付工资、津贴和奖金，并按规定提取公益金等，体现着职工个人和集体在劳动成果上的分配关系。

企业的资金运动，从表面上看是钱和物的增加变动。其实，钱和物的增加变动只是资金运动的现象，而它所体现的人与人之间的关系，才是资金运动的本质。我们要透过资金运动的现象，看到人与人之间的财务关系，自觉地处理好财务关系，管理好企业的财务活动。

3. 简述财务管理的整体目标。

答：企业财务管理的整体目标应该和企业的总体目标具有一致性。从根本上讲，财务目标取决于企业生存目的或企业目标，取决于特定的社会经济模式。企业财务目标具有体制性特征，整个社会经济体制、经济模式和企业所采用的组织制度，在很大程度上决定企业财务目标的取向。根据现代企业财务管理理论和实践，最具代表性的财务管理目标主要有以下几种观点：

(1) 利润最大化。利润最大化，即假定在企业的投资预期收益确定的情况下，财务管理行为将朝着有利于企业利润最大化的方向发展。以追逐利润最大化作为财务管理目标，其主要原因有三点：一是人类从事生产经营活动的目的是为了创造更多的剩余产品，在商品经济条件下，剩余产品的多少可以用利润这个价值指标来衡量；二是在自由竞争的资本市场中，资本的使用权最终属于获利最多的企业；三是只有每个企业都最大限度地获得利润，整个社会的财富才可能实现最大化，从而带来社会的进步和发展。在社会主义市场经济条件下，企业作为自主经营的主体，所创利润是企业在一定期间全部收入和全部费用的差额，是按照收入与费用配比原则加以计算的。它不仅可以直接反映企业创造剩余产品的多少，而且也从一定程度上反映出企业经济效益的高低和对社会贡献的大小。同时，利润是企业补充资本、扩大经营规模的源泉。因此，以利润最大化为理财目标是有一定道理的。

（2）资本利润率最大化或每股利润最大化。资本利润率是利润额与资本额的比率。每股利润是利润额与普通股股数的比值。这里的利润额是净利润。所有者作为企业的投资者，其投资目标是取得资本收益，具体表现为净利润与出资额或股份数（普通股）的对比关系。这个目标的优点是把企业实现的利润额同投入的资本或股本数进行对比，能够说明企业的盈利水平，可以在不同资本规模的企业或同一企业不同期间之间进行比较，揭示其盈利水平的差异。但该指标仍然没有考虑资金时间价值和风险因素，也不能避免企业的短期行为。

（3）企业价值最大化。投资者建立企业的重要目的，在于创造尽可能多的财富。这种财富首先表现为企业的价值。企业价值不是账面资产的总价值，而是企业全部资产的市场价值，它反映了企业潜在或预期获利能力。投资者在评价企业价值时，是以投资者预期投资时间为起点的，并将未来收入按预期投资时间的同一口径进行折现，未来收入的多少按照可能实现的概率进行计算。可见，这种计算方法考虑了资金的时间价值和风险问题。企业所得的收益越多，实现收益的时间越近，应得的报酬越确定，则企业的价值或股东财富越大。

4. 简述企业财务管理的经济环境。

答：财务管理环境又称理财环境，是指对企业财务活动和财务管理产生影响作用的企业内外各种条件的统称。经济环境是指企业进行财务活动的宏观经济状况。主要包含以下五个方面的因素。

（1）经济发展状况。经济发展的状况对企业理财有重大影响。在经济增长比较快的情况下，企业为了适应这种发展并在其行业中维持其地位，必须保持相应的增长速度。因此要相应增加厂房、机器、存货、工人、专业人员等，通常需要大规模地筹集资金。在经济衰退时，最受影响的是企业销售额，销售额下降会使企业现金的流转发生困难，需要筹资以维持运营。

（2）通货膨胀。通货膨胀不仅对消费者不利，而且给企业带来很大的困难。企业对通货膨胀本身无能为力，只能在管理中充分考虑通货膨胀的影响因素，尽量减少损失。企业有时可采用套期保值等办法减少通货膨胀造成的损失，如提前购买设备和存货，买进现货，卖出期货。

（3）利息率变动。银行存贷款利率的波动，以及与此相关的股票和债券价格的波动，既给企业以机会，也是对企业的挑战。在为过剩资金选择投资方案时，利用这种机会可以获得额外收益。例如，在购入长期债券后，由于市场利率下降，按固定利率计息的债券价格将上涨，企业可以出售债券获得较预期更多的现金流入。当然，如果出现相反情况，企业会蒙受损失。

企业在选择筹资渠道时，情况与此类似。在预期利率将持续上涨时，以当前较低的利率发行长期债券，可以节省资金成本。当然，如果企业发行债券后利率下降了，企业要承担比市场利率更高的资金成本。

（4）政府的经济政策。政府具有调控宏观经济的职能。国民经济的发展规划、国家的产业政策、经济体制改革的措施、政府的行政法规等，对企业的财务活动有重大影响。

国家对某些地区、某些行业、某些经济行为的优惠鼓励和有利倾斜构成了政府政策的主要内容。从反面来看，政府政策也是对另外一些地区、行业和经济的限制。企业在进行财务决策时，应认真研究政府政策，按照政策导向行事，才能趋利除弊。

(5) 同行业竞争。竞争广泛存在于市场经济中，任何企业都不能回避。企业之间、各产品之间、现有产品和新产品之间的竞争，涉及设备、技术、人才、营销、管理等各个方面。竞争能促使企业用更好的方法来生产更好的产品，对经济发展起推动作用。但对企业来说，竞争既是机会，也是威胁。为了改善竞争地位，往往需要大规模投资，成功之后，企业盈利增加，但若投资失败，则竞争地位更为不利。

竞争是“商业战争”，综合了企业全部实力和智慧，经济增长、通货膨胀、利率波动带来的财务问题，以及企业的对策，都在竞争中体现出来。

5. 简述企业财务管理的环节。

答：财务管理的环节是指财务管理的工作步骤与一般程序。一般来说，企业财务管理包括以下几个环节：

(1) 财务预测。是根据财务活动的历史资料，在分析研究的基础上，运用一定的方法对未来时期的财务活动所作的分析和估算工作。它可以提高预见性，避免盲目性，是一项取得最优财务管理业绩的措施，是一项有远见的工作，也是财务管理的重要工作。

本环节的主要任务在于：测算各项生产经营方案的经济效益，为决策提供可靠的依据；预计财务收支的发展变化情况，以确定经营目标；测算各项定额和标准，为编制计划、分解计划指标服务。财务预测环节主要包括：明确预测目标、搜集相关资料、建立预测模型、确定财务预测结果等步骤。

（2）财务决策。是指财务人员在财务预测的前提下，按照财务目标的总体要求，利用专门方法，对若干个备选方案进行比较、分析、评价，并从中选择出最佳方案的过程。财务决策一般包括：筹资决策、投资决策、成本决策、收入决策和利润分配决策等。

在市场经济条件下，财务管理的核心是财务决策，财务预测是为财务决策服务的，决策成功与否，直接关系到企业的兴衰成败。

财务决策环节主要包括：确定决策目标、提出备选方案、选择最优方案等。

（3）财务预算。经过财务决策选择了方案以后，就应该实施财务预算。财务预算，是指运用科学的技术手段和数量方法，对未来财务活动的内容及指标所进行的具体规划。财务预算是以财务决策确立的方案和财务预测提供的信息为基础编制的，是财务预测和财务决策的具体化，是控制财务活动的依据。

财务预算的编制一般包括以下几个步骤：分析财务环境，确定预算指标；协调财务能力，组织综合平衡；选择预算方法，编制财务预算。

（4）财务控制。财务预算确定以后，就要认真执行，为了执行好财务预算，就应实施财务控制。所谓财务控制是指以预算为依据，对企业财务收支活动所进行的指导、约束和干预活动。它是保证财务部门自身和其他有关部门执行财务预算和纠正脱离预算偏差的关键性工作。实行财务控制，是落实预算任务、保证预算实现的有效措施。

企业财务控制的内容包括企业资金运动的全过程。在实际工作中，财务控制是按照财务管理的内容分别进行的，有资金控制、产品成本控制、财务收支控制、外汇资金控制、投资控制等。要做好财务控制，企业应做好基础工作。一是要制定出控制标准，以此为依据来实施检查和考核；二是设计好控制手段，如对物资占用可采用限额领料单、限额支票、费用控制手册等，对费用支出确定严格的费用审批制度等，以确保财务控制有一个良好的效果。

财务控制一般包括以下几个步骤：制定控制标准，分解落实责任；实施追踪控制，及时调整误差；分析执行情况，搞好考核奖惩。

(5) 财务分析。是以会计、统计所提供的资料为依据，运用特定的方法，对企业财务活动的过程及其结果所进行的调查、分析和评价工作。通过财务分析，可以掌握各项财务计划的完成情况，评价财务状况，研究和掌握企业财务活动的规律性，改善财务预测、决策、预算和控制，改善企业管理水平，提高企业经济效益。分析取得的成绩和产生问题的原因，以便总结过去，指导未来的财务工作。

财务分析包括以下几个步骤：占有资料，掌握信息；指标对比，揭露矛盾；分析原因，明确责任；提出措施，改进工作。

6. 论述企业价值最大化是财务管理的最优目标。

答：投资者建立企业的重要目的，在于创造尽可能多的财富。这种财富首先表现为企业的价值。企业价值不是账面资产的总价值，而是企业全部资产的市场价值，它反映了企业潜在或预期获利能力。投资者在评价企业价值时，是以投资者预期投资时间为起点的，并将未来收入按预期投资时间的同一口径进行折现，未来收入的多少按照可能实现的概率进行计算。可见，这种计算方法考虑了资金的时间价值和风险问题。企业所得的收益越多，实现收益的时间越近，应得的报酬越确定，则企业的价值或股东财富越大。以企业价值最大化作为财务管理的目标，其优点主要表现在：

（1）该目标考虑了资金的时间价值和投资的风险价值，有利于统筹安排长短期规划、合理选择投资方案、有效筹措资金、合理制定股利政策等；

（2）该目标反映了对企业资本保值增值的要求，从某种意义上说，股东财富越多，企业市场价值就越大，追求股东财富最大化的结果可促使企业资本保值或增值；

（3）该目标有利于克服管理上的片面性和短期行为；

（4）该目标有利于社会资源合理配置。社会资金通常流向企业价值最大化或股东财富最大化的企业或行业，有利于实现社会效益最大化。

以企业价值最大化作为财务管理的目标也存在以下几点问题：

（1）对于股票上市企业，虽可通过股票价格的变动揭示企业价值，但是股价是受多种因素影响的结果，特别在即期市场上的股价，不一定能够直接揭示企业的获利能力，只有长期趋势才能做到这一点。

（2）为了控股或稳定购销关系，现代企业不少采用环形持股的方式，相互持股。法人股东对股票市价的敏感程度远不及个人股东，对股价最大化目标没有足够的兴趣。

（3）对于非股票上市公司，只有对企业进行专门的评估，才能真正确定其价值。而在评估企业的资产时，由于受评估标准和评估方式的影响，这种估价不易做到客观和准确，这也导致企业价值确定的困难。

第二章　财务管理的价值观念

一、名词解释

1. 资金时间价值——是指资金在周转使用过程中，由于时间因素而形成的差额价值，也称为货币时间价值。

2. 复利——是指在规定的期限内，每期都是以上期末本利和为基数计算的利息。它的主要特点是：既要对本金计息，还要对本金产生的前段时期利息计息，俗称“利滚利”。复利的计息包括复利利息、复利终值和复利现值。

3. 复利终值——复利终值是按复利计算的某一特定资金额在一定时期期末时的本利和。其计算公式为：$F=P\cdot(1+i)^n$ 或 $F=P\cdot(F/P, i, n)$。

4. 复利现值——复利现值是指将以后某一特定时期的资金按一定的利率用复利形式折算的现在价值。其计算公式为：$P=F\cdot(1+i)^{-n}$ 或 $P=F\cdot(P/F, i, n)$。

5. 年金——年金是指相同的间隔期收到或付出同等数额的款项。在企业的财务活动中，许多款项的收付都表现为年金的形式，如计提折旧、利息、保险金和养老金，支付或收取的等额租金等。

6. 普通年金终值——普通年金终值是指每期期末收入或支出等额资金的复利终值之和。其计算公式为：$F=A\times\frac{(1+i)^n-1}{i}$ 或 $F=A\cdot(F/A, i, n)$。

7. 普通年金现值——普通年金现值是指每期期末收入或支

出等额资金的复利现值之和。其计算公式为：$P=A\times\frac{(1+i)^n-1}{i\times(1+i)^n}$或$A\times\frac{1-\frac{1}{(1+i)^n}}{i}$，或者$P=A\cdot(P/A,i,n)$。

8. 即付年金——是指从第一期起，在一定时期内每期期初等额收付的系列款项，又称先付年金。它与普通年金的区别仅在于付款时间的不同。

9. 即付年金终值——是指在一定时期内，每期期初等额收付系列款项的复利终值之和。其计算公式为：

$$F=A\cdot\left[\frac{(1+i)^{n+1}-1}{i}-1\right]$$

10. 即付年金现值——是指在一定时期内，每期期初等额收付系列款项的复利现值之和。其计算公式为：

$$P=A\cdot\left[\frac{1-(1+i)^{-(n+1)}}{i}+1\right]$$

11. 递延年金——又称延期年金，是指在一定期间内，最初若干期每期期末没有收付款项，而以后若干期每期期末等额收付系列款项的年金。

12. 递延年金终值——是指在一定期间内，最初若干期每期期末没有收付款项，而以后若干期每期期末等额收付系列款项的复利终值之和。

13. 递延年金现值——是指在一定期间内，最初若干期每期期末没有收付款项，而以后若干期每期期末等额收付系列款项的复利现值之和。其计算公式为：

$$P=A\cdot\frac{1-(1+i)^{-n}}{i}\cdot(1+i)^{-m}$$

$$=A\cdot(P/A,i,n)\cdot(P/F,i,m)$$

14. 永续年金——凡无期限地每期等额收付系列款项的年

金，称为永续年金或无限支付年金。

15. 永续年金现值，是指无期限地每期等额收付系列款项的复利现值之和。其计算公式为：

$$P = \frac{A}{i}$$

16. 风险——风险是对企业的目标产生负面影响的事件发生的可能性。从财务管理的角度看，风险就是企业在各项财务活动过程中，由于各种难以预料或无法控制的因素作用，使企业的实际效益与预计效益发生背离，从而蒙受经济损失的可能性。

17. 概率——概率就是用百分数或小数来表示随机事件发生可能性及出现某种结果可能性大小的数值。

18. 期望值——期望值是一个概率分布中的所有可能结果，以各自相应的概率为权数计算的加权平均值，是加权平均的中心值，通常用符号 $\overline{E}$ 表示，其计算公式如下：$\overline{E} = \sum_{i=1}^{n} X_i P_i$

19. 离散程度——离散程度是用以衡量风险大小的统计指标。一般来说，离散程度越大，风险越大；离散程度越小，风险越小。反映随机变量离散程度的指标包括平均差、方差、标准离差、标准离差率和全距等。

20. 方差——方差是用来表示随机变量与期望值之间的离散程度的一个数值。计算公式为：

$$\sigma^2 = \sum_{i=1}^{n} (X_i - \overline{E})^2 \cdot P_i$$

21. 标准差——标准离差也叫均方差，是方差的平方根。其计算公式为：

$$\sigma = \sqrt{\sum_{i=1}^{n} (X_i - \overline{E})^2 \cdot P_i}$$

22. 标准离差——标准离差率是标准离差同期望值之比，通

常用符号 V 表示，其计算公式为：$V = \frac{\sigma}{E} \times 100\%$

二、填空题

1. 货币时间价值
2. 单利利息
3. 本利和
4. 单利现值
5. 复利利息
6. 复利终值
7. 复利现值
8. 年金
9. 复利终值之和
10. 复利现值之和
11. 即付年金
12. 即付年金终值
13. 即付年金现值
14. 递延年金
15. 递延年金终值
16. 递延年金现值
17. 永续年金
18. 永续年金现值
19. 风险
20. 实质性风险因素、道德风险因素、心理风险因素
21. 风险事故
22. 风险损失
23. 人身风险、财产风险、责任风险、信用风险
24. 纯粹风险、投机风险
25. 自然风险、经济风险、社会风险
26. 可分散风险、不可分散风险
27. 基本风险、特定风险
28. 概率
29. 期望值
30. 大、大、小、小
31. 方差
32. 标准离差
33. 标准离差率
34. 规避风险、减少风险、转移风险、接受风险

三、单项选择题

1. A　2. C　3. B　4. C　5. A

6. C　7. B　8. D　9. C　10. B

11. B　12. D

四、多项选择题

1. AC　2. AB　3. ABC　4. BD

5. ABC　6. AE　7. BDE　8. CDE

五、判断题

1. √　2. ×　3. √　4. √　5. ×

6. ×　7. √　8. ×　9. √　10. √

11. √　12. √　13. ×　14. √　15. √

16. ×　17. √　18. ×

六、计算与分析题

1. 解：按单利法计算

$F = P + I = P \cdot (1 + i \cdot n) = 1\ 000 \times (1 + 14\% \times 3)$

$-1\ 420$（元）

按复利计算

$F = P \cdot (1 + i)^n = 1\ 000 \times (1 + 14\%)^3 = 1\ 482$（元）

2. 解：由复利终值的计算公式可知：

$F = P \cdot (1 + i)^n = 123\ 600 \times (1 + 10\%)^7$

在复利终值的计算公式中，$(1 + i)^n$ 称为复利终值系数。查《财务管理》附表一，即1元复利终值系数表可知：$(1 + 10\%)^7 = 1.9487$。因此，

$F = P \cdot (1 + i)^n = 123\ 600 \times (1 + 10\%)^7$

$= 123\ 600 \times 1.9487 = 240\ 859.32$（元）

从以上计算可知，7年后，这笔款项的本利和为240 896.40

元，比设备价格高 896.40 元。因此，7 年后，兴和工厂可以用这笔款项的本利和购买设备。

3. 解：由复利现值的计算公式可知：

$$P = F \cdot (1+i)^{-n} = \frac{10\ 000}{(1+15\%)^{5}} = 10\ 000 \times (1+15\%)^{-5}$$

在复利现值的计算公式中，$(1+i)^{-n}$称为复利现值系数。查《财务管理》附表二，即 1 元复利现值系数表可知：$(1+15\%)^{-5}=0.4972$。因此，

$$P = F \cdot (1+i)^{-n} = 10\ 000 \times (1+15\%)^{-5}$$
$$= 10\ 000 \times 0.4972 = 4\ 972\ (\text{元})$$

从以上计算得知，此人现在应存入银行 4 972 元，5 年后正好可以得到 10 000 元供孩子上学。

4. 解：

第一步：先计算两公司的期望报酬率

脉流电脑公司的期望报酬率为：

$$\overline{E} = \sum_{i=1}^{n} X_i P_i$$
$$= 100\% \times 0.3 + 15\% \times 0.4 + (-70\%) \times 0.3$$
$$= 15\%$$

长城天然气公司的期望报酬率为：

$$\overline{E} = \sum_{i=1}^{n} X_i P_i$$
$$= 20\% \times 0.3 + 15\% \times 0.4 + 10\% \times 0.3$$
$$= 15\%$$

第二步：计算两公司的标准离差

脉流电脑公司的标准离差为：

$$\sigma = \sqrt{\sum_{i=1}^{n} (X_i - \overline{E})^2 \cdot P_i}$$

$$= \sqrt{(100\% - 15\%)^2 \times 0.3 + (15\% - 15\%)^2 \times 0.4 + (-70\% - 15\%)^2 \times 0.3}$$

$= 65.84\%$

长城天然气公司的标准离差为：

$$\sigma = \sqrt{\sum_{i=1}^{n} (X_i - \overline{E})^2 \cdot P_i}$$

$$= \sqrt{(20\% - 15\%)^2 \times 0.3 + (15\% - 15\%)^2 \times 0.4 + (10\% - 15\%)^2 \times 0.3}$$

$= 3.87\%$

由以上计算结果可知，两公司的期望报酬率相等，因此，只需比较两公司的标准离差，就可以判断出两公司风险的大小。因为脉流电脑公司的标准离差大（65.84% 大于 3.87%），所以，脉流电脑公司的风险大于长城天然气公司的风险。

5. 解：$100\ 000 \times (1 + 9\%)^3 - 100\ 000 = 29\ 502.9$（元）

6. 解：$500\ 000 \times (1 + 10\%)^3 = 665\ 500$（元）

7. 解：查复利现值系数表，与 i = 6%、n = 5 相对应的复利现值系数为 0.747，因此，该公司目前应存入的资金为：500 000 × 0.747 = 373 500（元）

8. 解：R = 60 000，i = 8%，n = 10，查年金终值系数表中与 i = 8%，n = 10 相对应的系数为 14.487，因此，10 年后本利和为：60 000 × 14.487 = 869 220（元）

9. 解：R = 1 000 000，i = 10%，n = 6。经查年金现值系数表中与 i = 10%，n = 6 相对应的系数为 4.3553，因此，公司现在应存入银行的资金数额为：1 000 000 × 4.3553 = 4 355 300（元）

10. 解：A = 200 000，i = 10%，n + 1 = 4 + 1 = 5。经查年金终值系数表中与 i = 10%，n + 1 = 5 相对应的系数为 6.1051。

$F = A \cdot [(F/A, i, n+1) - 1]$

$= 200\ 000 \times (6.1051 - 1)$

$= 1\ 021\ 020$（元）

11. 解：$A=50\ 000$，$i=10\%$，$n-1=4-1=3$。经查年金现值系数表中与 $i=10\%$，$n-1=3$ 相对应的系数为 2.4869。

$$P=A\cdot[(P/A,i,n-1)+1]$$
$$=50\ 000\times(2.4869+1)$$
$$=174\ 345\text{（元）}$$

12. 解：$A=1\ 000$，$i=10\%$，$n=5$。经查年金现值系数表中与 $i=10\%$，$n=5$ 相对应的系数为 3.7908；

经查复利现值系数表中 $i=10\%$，$m=5$ 相对应的系数为 0.6209。

$$P=A\cdot\frac{1-(1+i)^{-n}}{i}\cdot(1+i)^{-m}$$
$$=A\cdot(P/A,i,n)\cdot(P/F,i,m)$$
$$=1\ 000\times3.7908\times0.6209$$
$$=2\ 353.71\text{（元）}$$

13. 解：$A=2$，$i=10\%$。

$$P=\frac{A}{i}$$
$$=\frac{2}{10\%}$$
$$=20\text{（元）}$$

七、简答题

1. 答：年金是指相同的间隔期收到或付出同等数额的款项。在企业的财务活动中，许多款项的收付都表现为年金的形式，如计提折旧、利息、保险金和养老金，支付或收取的等额租金等。

年金分为普通年金、预付年金、永续年金等形式。凡是每期期末发生的年金称普通年金，也叫后付年金；凡是每期期初发生的年金，称预付年金，也叫即付年金；凡无期限连续收付的年金，称为永续年金或无限支付年金。其中普通年金是年金的基本形式，其他年金均属普通年金的转化形式。

2. 答：风险是对企业的目标产生负面影响的事件发生的可能性。从财务管理的角度看，风险就是企业在各项财务活动过程中，由于各种难以预料或无法控制的因素作用，使企业的实际效益与预计效益发生背离，从而蒙受经济损失的可能性。

风险由风险因素、风险事故和风险损失三个要素组成：

(1) 风险因素。风险因素是指引起或增加风险事故的机会或扩大损失幅度的条件，是事故发生的潜在原因。风险因素包括实质性风险因素、道德风险因素和心理风险因素三个方面。其中，实质性风险因素是指增加某一标的风险事故发生机会或扩大损失严重程度的条件，它是一种有形的风险因素。如汽车刹车系统失灵产生的交通事故、食物质量对人体的危害等。道德风险因素是指与人的不正当行为相联系的一种无形的风险因素，常常表现为由于恶意行为或不良企图，故意使风险事故发生或扩大。如偷工减料引起产品事故、业务欺诈、出卖情报、中饱私囊拿回扣等。心理风险因素也是一种无形的风险因素，是指由于人的主观上的疏忽或过失，导致增加风险事故发生机会或扩大损失程度。例如：保管员忘记锁门而丢失财产、新产品设计错误、信用考核不严谨而出现货款拖欠等。

(2) 风险事故。风险事故，又称风险事件，是引起损失的直接或外在原因，是使风险造成损失的可能性转化为现实性的媒介，也就是说风险是通过风险事故的发生来导致损失的。如工厂火灾、货船碰撞都是风险事故。

(3) 风险损失。风险损失是指风险事故所带来的物质上、行为上、关系上以及心理上的实际或潜在利益的丧失。损失通常是指非事故、非计划、非预期的经济价值减少的事实。它包含 4

个要素：经济价值减少、非事故、非计划、非预期。

3. 答：风险可按不同的分类标志进行分类：

(1) 按照风险损害的对象分为人身风险、财产风险、责任风险和信用风险。人身风险是指由于员工生、老、病、死、伤残等原因而导致经济损失的风险；财产风险是导致财产发生毁损、灭失和贬值的风险；责任风险是指因侵权或违约，依法对他人遭受的人身伤亡或财产损失应负赔偿责任的风险；信用风险是指在经济交往中，权利人与义务人之间，由于一方违约或犯罪而给对方造成经济损失的风险。

(2) 按照风险导致的后果分为纯粹风险和投机风险。纯粹风险是指会造成损失而无获利可能性的风险；投机风险是指既可能造成损失也可能产生受益的风险。

(3) 按照风险的性质或发生的原因分为自然风险、经济风险和社会风险。自然风险是指由于自然现象导致的财产损失和人身伤害的风险；经济风险是指生产经营过程中由于各种因素的变动，导致产量减少或价格涨跌所致损失的风险；社会风险是指组织或个人的异常行为导致的财产损失和人身伤害的风险。

(4) 按照风险能否被分散分为可分散风险和不可分散风险。可分散风险是指能够通过风险分担协议使得经济单位面临的风险减小的风险；不可分散风险是指能够通过风险分担协议不能使经济单位面临的风险减小的风险。

(5) 按照风险的起源与影响分为基本风险和特定风险。基本风险是指风险的起源与影响方面都不与特定的组织或个人有关，至少是某个特定组织或个人所不能阻止的风险，即全社会普遍存在的风险，如战争、自然灾害、经济衰退等带来的风险；特定风险是指由特定的因素引起而且损失仅涉及特定组织或者个人的风险，如罢工、诉讼失败、失去销售市场等带来的风险，从个别理财主体的角度看，基本风险通常是不可分散的风险，或称系统风险。特定风险通常是可分散风险，或称非系统风险。

对于特定企业而言，企业风险可进一步分为经营风险和财务风险。经营风险是指因生产经营方面的原因给企业目标带来不利影响的可能性，如由于原材料供应地的政治经济情况变动、新材料的出现等因素带来的供应方面的风险；由于生产组织不合理而带来的生产方面的风险；由于销售决策失误带来的销售方面的风险。财务风险又称筹资风险，是指由于举债而给企业目标带来不利影响的可能性。企业举债经营，全部资金中除自有资金外还有一部分借入资金，这会对自有资金的盈利能力造成影响；同时，借入资金需还本付息，一旦无力偿还到期债务，企业便会陷入财务困境甚至破产。当企业息税前资金利润率高于借入资金利息率时，使用借入资金获得的利润除了补偿利息外还有剩余，因而使自有资金利润率提高。但是，若企业息税前资金利润率低于借入资金利息率时，使用借入资金获得的利润还不够支付利息，需动用自有资金的一部分利润来支付利息，从而使自有资金利润率降低。如果企业息税前资金利润还不够支付利息，就要用自有资金来支付，使企业发生亏损。若企业亏损严重，财务状况恶化，丧失支付能力，就会出现无法还本付息甚至招致破产的危险。

4. 答：风险是对企业的目标产生负面影响的事件发生的可能性。从财务管理的角度看，风险就是企业在各项财务活动过程中，由于各种难以预料或无法控制的因素作用，使企业的实际效益与预计效益发生背离，从而蒙受经济损失的可能性。针对风险，企业应采取的措施主要有以下 4 点：

（1）规避风险。任何经济单位对风险的对策，首先考虑到的是避免风险，凡风险所造成的损失不能由该项目可能获得利润予以抵消时，避免风险是最可靠的简单方法。避免风险例子包括：拒绝与不守信用的厂商业务往来；放弃可能明显导致亏损的投资项目；新产品在试制阶段发现诸多问题而果断停止试制。

（2）减少风险。事先从制度、文化、决策、组织和控制上，从培育核心能力上提高企业防御风险的能力。减少风险主要有两方面的含义：一是控制风险因素，减少风险的发生；二是控制风险发生的频率和降低风险损害程度。减少风险的常用方法有：进行准确的预测，如对汇率的预测、利润预测、债务人信用评估等；对决策进行多方案优选和相机替代；及时与政府部门沟通获取政策信息；在发展新产品前，充分进行市场调研；实行设备预防检修制度以减少设备事故；选择有弹性的、抗风险能力强的技术方案，进行预先的技术模拟试验，采用可靠的保护和安全措施；采用多领域、多地域、多项目、多品种的投资以分散风险。

（3）转移风险。企业以一定代价（如保险费、盈利机会、担保费和利息等），采取某种方式（如参加保险、信用担保、租赁经营、套期交易、票据贴现等），将风险损失转嫁给他人承担，以避免可能给企业带来灾难性损失。如向专业性保险公司投保；采取合资、联营、联合开发等措施实现风险共担；通过技术转让、特许经营、战略联盟、租赁经营和业务外包等实现风险转移。

（4）接受风险。对于损失较小的风险，如果企业有足够的财力和能力承受风险损失时，可以采取风险自担和风险自保自行消化风险损失。风险自担，就是风险损失发生时，直接将损失摊入成本或费用，或冲减利润；风险自保，就是企业预留一笔风险金或随着生产经营的进行，有计划地计提风险基金如坏账准备、存货跌价准备等。

第三章　筹 资 管 理

一、名词解释

1. 筹资——即筹集资金。企业筹集资金是指企业通过各种渠道和方法筹措生产经营所需资金的财务活动，亦称财务筹资。

2. 定性预测法——是利用直观材料，依据个人的经验和主观分析、判断能力和预见能力，对未来时期资金需要量进行估计和推算的方法。

3. 定量预测法——是以历史资料为依据，采用数学模型进行预测的方法。其优点是预测结果科学而精确，不足的是计算较为复杂而且企业必须具备完整的历史资料。

4. 销售百分比法——是根据销售指标与资产负债表、利润表有关项目之间的比例关系，预测短期资金需要量的方法。使用这一方法的前提是必须假设某报表项目与销售指标的比率已知而且固定不变。

5. 预计利润表法——是根据基期利润表及其各项目与销售额的比例关系，编制出预计利润表，并以预计的留用利润作为预测期内部筹资来源的方法。

6. 预计资产负债表法——是根据基期资产负债表及其各敏感项目与销售额之间的比例关系，编制出预计资产负债表，并据以预测资金需要量的方法。

7. 因素分析法——主要是在企业基期实际资金占用水平基础上，考虑预测期有关因素的增减变动情况，据此计算企业预测期的资金需要量的一种预测方法。

8. 自有资金——是指投资者投入企业的资本金及企业自身在生产经营中所形成的积累，它反映企业所有者的权益，因此，又称主权资金或权益资金。

9. 法人投资——是指法人单位以其依法可以支配的资产投入企业，这种情况下形成的资本叫法人资本。

10. 商业信用——是指商品交易中的延期付款或延期交货所形成的借贷关系，是企业之间的一种直接信用关系。利用商业信用，又称商业信用融资，是一种形式多样、适用范围很广的短期资金筹措方式。

11. 商业汇票——是指单位之间根据购销合同进行延期付款的商品交易时，开出的反映债权债务关系的票据。根据承兑人的不同，商业汇票可分为商业承兑汇票和银行承兑汇票。商业承兑汇票是指由收款人开出，经付款人承兑，或由付款人开出并承兑的汇票。银行承兑汇票是指由收款人或承兑申请人开出，由银行审查同意承兑的汇票。商业汇票是一种期票，是反映应付账款和应收账款的书面证明。

12. 信用条件——是指销货人对付款时间和现金折扣所作的具体规定，如“2/10，1/20，n/30”，便属于一种信用条件。

13、附加利率——是指即使为分期偿还贷款，银行亦按贷款总额和名义利率来计算收取利息。在附加利率方式下，虽然借款企业可以利用的借款逐期减少，但利息并不减少，故实际负担的利息较高。

14. 融资租赁——又称财务租赁，是区别于经营租赁的一种长期租赁形式，由于它可满足企业对资产的长期需要，故有时也称为资本租赁。融资租赁是现代租赁的主要形式。

15. 杠杆租赁——杠杆租赁主要涉及承租人、出租人和资金出借者三方当事人。从承租人的角度来看，这种租赁与其他租赁形式并无区别，同样是按照合同的规定，在基本租赁期内，定期支付定额租金，取得资产的使用权。但对出租人却不同，出租人只出购买资产所需的部分资金（如30%），作为自己的投资；另外以该资产作为担保向资金出借者借入其余资金（如70%）。因此，它既是出租人又是借款人，同时拥有对资产的所有权，即收取租金又要偿付债务。如果出租人不能按期偿还借款，那么资产的所有权就要转归资金出借者。

16. 杠杆收购筹资——是以企业兼并、重组活动为背景的，是指某一企业拟收购其他企业进行结构调整和资产重组时，以被收购企业资产和将来的收益能力作抵押，从银行筹集部分资金用于收购行为的一种筹资活动。在一般情况下，借入资金占收购资金总额的70%～80%，其余部分为自有资金，通过财务杠杆效应便可成功地收购企业或其部分股权。通过杠杆收购方式重新组建后的企业总负债率为85%以上，且负债中主要成分为银行的借贷资金。

二、填空题

1. 吸收直接投资、向银行借款、利用商业信用、融资租赁、利用留存收益、杠杆收购、发行股票、发行公司债券

2. 国家财政资金、企业内部资金、金融机构资金、其他企业资金、职工和民间资金、国外资金

3. 短期资金、长期资金

4. 所有者权益、负债

5. 法律依据、投资规模依据

6. 注册资本限额的规定、企业负债限额的规定

7. 定性预测法、定量预测法

8. 销售百分比法、因素分析法

9. 吸收个人投资、吸收法人投资、吸收国家投资

10. 以现金出资、以实物出资、以工业产权出资、以土地使用权出资

11. 商业信用、短期银行借款、长期银行借款、融资租赁、杠杆收购筹资

12. 赊购商品、预收货款、商业汇票

13. 预收货款、延期付款但不涉及现金折扣、延期付款但早付款可以享受现金折扣

14. 政策性银行贷款、商业银行贷款、保险公司贷款

15. 抵押贷款、信用贷款

16. 固定资产投资借款、更新改造借款、科技开发、新产品试制借款

17. 售后租回、直接租赁、杠杆租赁

18. 共同投资、共同经营、共担风险、共享利润

三、单项选择题

1. B	2. A	3. C	4. A	5. D
6. C	7. A	8. C	9. C	10. B
11. B	12. C	13. A	14. C	15. D
16. B	17. B	18. C	19. B	20. B
21. C	22. D	23. D		

四、多项选择题

1. ABCE	2. ACDE	3. ABCDE	4. BDE
5. ABCDE	6. DE	7. ABCE	8. BC
9. ABCDE	10. ABD	11. ADE	12. ADE
13. ABE	14. ACD	15. ABDE	16. ABCD

五、判断题

1. × 2. × 3. × 4. × 5. √
6. × 7. × 8. × 9. × 10. √
11. × 12. √ 13. × 14. √ 15. √

六、计算与分析题

1. 解：$实际利率 = \frac{1\ 000\ 000 \times 10\%}{1\ 000\ 000 \times （1-10\%）} = 11.11\%$

2. 解：
$$实际利率 = \frac{利息费用}{借款总额 \div 2} \times 100\%$$
$$= \frac{1\ 000\ 000}{10\ 000\ 000 \div 2} \times 100\%$$
$$= \frac{1\ 000\ 000}{5\ 000\ 000} \times 100\% = 20\%$$

3. 解：公司若享受这一现金折扣，则必须在 10 天内付款，付款金额为：10 000 ×（1 - 2%）= 9 800 元；若不享受这一现金折扣，则最迟必须在第 30 大付款 10 000 元，这就比享受现金折扣多付出 200 元钱，可以理解为该公司占用对方货款 9 800 元，期限为 20 天，支付 200 元利息，折算成利率为：

$$年利率 = \frac{200}{9\ 800} \times \frac{360}{20} \times 100\% = 36.73\%$$

这一利率远远高于市场利率，所以该公司应该争取这一现金折扣，放弃折扣非常可惜。

4. 解：企业若放弃这一现金折扣，可少支付货款的金额为：
5 000 × 3% = 150（元）

由上题可知：企业若放弃现金折扣不划算。这是因为企业为此付出的代价很高。企业在现金放弃折扣情况下，比享受现金折扣情况下要多付出150元钱。这相当于企业占用4 850（5 000－150）元货款，50天付出的利息折为年利率是：

$$\frac{150}{4\ 850}\times\frac{360}{50}\times 100\%=22.27\%$$

这一利率也远远大于市场利率，说明企业多占用50天货款付出的代价太高，不如现金折扣划算。

5. 解：该企业2006年预计利润计算见表3－1。

2006年内部筹资预计数＝67×45%＝30.15（万元）

表3－1 **该企业2006年预计利润表**

项　　目	金　　额	占销售百分比（%）	2006年预计数
销售收入	1 000	100	1 250
减：销售成本	750	75	937.5
销售费用	50	5	62.5
销售利润	200	20	250
减：管理费用	100	10	12.5
财务费用	20	2	25
利润总额	80	8	100
减：所得税	26.4		33
净利润	53.6		67

6. 解：该企业预测期资金需要量＝（1 060－60）×（1＋10%）×（1＋8%）×（1＋5%）

＝1 247.4（万元）

7. 解：放弃现金折扣的成本 $=\frac{2\%}{1-2\%}\times\frac{360}{30-10}\times 100\%$

＝36.73%

这表明，只要企业筹资成本不超过36.73%，就应该在第10

天付款。

8. 解：该企业的实际利率为：$\frac{100\ 000\times8\%}{100\ 000\times(1-20\%)}=10\%$

9. 解：贴现利息 $=50\ 000\times7.2‰\times100\div30$

$=1\ 200$（元）

企业实际借款 $=50\ 000-1\ 200$

$=48\ 800$（元）

企业实际负担的利率 $=\frac{1\ 200}{50\ 000-1\ 200}\times\frac{30}{100}\times100\%$

$=7.4‰$

10. 解：实际利率 $=\frac{5\ 400}{30\ 000}\times100\%=18\%$

11. 解：A $=40\ 000/(P/A, 18\%, 8)$

$=40\ 000/4.0776\approx9\ 809.69$（元）

12. 解：A $=40\ 000/[(P/A, 18\%, 7)+1]$

$=40\ 000/(3.8115+1)\approx8\ 313.42$（元）

七、简答题

1. 答：企业筹集资金的原则，主要包含以下 4 点：

（1）合理确定筹资数额，提高资金利用效果。企业从外部筹集的资金，都是有偿的，因而不是越多越好，应在数量上有一个合理的界限。筹集的资金过剩，会增加企业的筹资费用，也影响资金的利用效果；筹集的资金不足，又会影响企业的资金供应，保证不了生产经营对资金的基本需要。因此，企业在筹集资金之前，必须根据生产经营的需要及自有资金的利用状况，正确确定筹集资金的数额。

（2）慎重选择筹资渠道，降低资金使用成本。随着经济体制改革的进一步深入和对外开放的逐步延伸，企业筹集资金的渠道越来越广泛，筹资方式也越来越多样化，而不同的筹资渠道和方式往往要求企业付出不同的代价，即具有不同的资金使用成本。因此，企业在筹集资金时，一方面要遵守国家的有关法规，如商业银行法、公司法、税法、证券法等，选择合理的筹资渠道；另一方面，还必须注意筹资成本，要在多种筹资方式中进行综合考虑，选择最佳的投资方式组合，进而使资金成本达到最低。

（3）适时组织资金供应，保证资金投放需求。企业筹集资金，不仅要求在数量上做到供求平衡，还要求在实践上做到时间适当。筹集的资金过早到位，会造成资金闲置，降低资金的利用效率；反之，筹集的资金滞后到位，则不能及时满足投资的需要，影响企业生产经营正常进行。因此，企业的筹资工作事先要做好筹划，以及时足额地保证资金供应。

（4）充分考虑负债能力，防范财务风险。企业的全部资金来源包括自有资金和借入资金两部分。企业负债过多，会造成日后的偿债压力，引发财务风险；企业负债过低，又会坐失“借鸡生蛋”的良机。因此，财务人员在及时、足额筹集资金的过程中，还要时刻关注企业的资金结构，合理安排借入资金的比例，使之既可以降低财务风险，又可以充分利用财务杠杆，提高自有资金的收益率。

2. 答：所谓筹集资金的渠道，是指企业取得资金的来源。目前，有以下渠道：

（1）国家财政资金。国家对企业的投资历来是我国国有企业的主要资金来源。过去，国拨流动资金和固定资金，是国有企业的主要资金来源。现在，国家投入企业的资本金，仍然是企业的重要资金来源。国家财政资金具有广阔的来源和稳定的基础，而国民经济命脉也应当由国家来掌握。因此，国家投资在企业的各种资金来源中仍占有重要的位置。

(2) 企业内部资金。企业内部资金，主要是指企业在税后利润中提取的盈余公积金、公益金、未分配利润。至于提取的折旧费，虽然也属于企业的资金来源，但它不过是企业投资的一种转化形态，并不增加企业的资金总量，只是从固定资产形态转化成了流动资产形态。

(3) 金融机构资金。金融机构资金，包括各种专业银行和各种非银行金融机构的贷款。目前，我国专业银行有中国银行、工商银行、农业银行、建设银行、交通银行等，非银行金融机构有信用社、保险公司、投资公司、租赁公司等。金融机构的资金有个人储蓄、单位存款等较稳定的来源，财力雄厚，贷款方便灵活，能适应企业的各种需要，且有利于国家宏观调控，因此它是企业资金的重要来源渠道。

(4) 其他企业资金。企业在生产经营过程中，往往形成部分暂时闲置的资金，并为一定的目的而进行相互投资；另外，企业间的购销业务可以通过商业信用方式来完成，从而形成企业间的债权债务关系，形成债务人对债权人的短期信用资金占用。企业间的相互投资和商业信用的存在，使其他企业资金也成为企业资金的重要来源。

(5) 职工和民间资金。职工和民间资金，是指本企业职工和城乡居民手中的暂时闲置未使用的资金。这种个人投资渠道可以动员闲置和消费基金投入生产领域，以创造更多的价值，已经逐渐成为企业筹集资金的重要渠道。

(6) 国外资金。国外资金，是指外商向企业投入的资金。目前，来华投资的国家和地区越来越多，投资规模也日益扩大。企业吸引外资，不仅可以满足生产经营资金的需要，而且能够引进国外先进技术和管理经验，促进企业技术的进步和产品水平的提高。因此，国外资金已成为企业生产发展、扩大生产经营规模的重要渠道。

3. 答：企业筹集资金可按多种标准进行不同的分类。

（1）按照资金使用期限的长短，可把企业筹集的资金分为短期资金与长期资金两种。

短期资金一般是指使用期限在一年以内的资金。短期资金主要用于现金、应收账款、存货等，一般在短期内可收回。短期资金常采用商业信用、银行流动资金借款等方式来筹措。

长期资金一般是指使用期限在一年以上的资金。长期资金主要用于新产品的开发和推广、生产规模的扩大、厂房和设备的更新等，一般需几年甚至十几年才能收回。长期资金通常采用吸收投资、长期借款、融资租赁、留存收益等方式来筹集。

（2）按照资金的来源渠道不同，可将企业资金分为所有者权益和负债两大类。

所有者权益，是指所有者在企业资产中享有的经济利益，其金额为资产减去负债后的余额，包括实收资本、资本公积、盈余公积和未分配利润。资本是企业在工商行政管理部门登记的注册资金，是各投资者为实现盈利和社会效益为目的，用以进行生产经营、承担民事责任而投入的资金。企业通过吸收直接投资、内部积累等方式筹集的资金，都属于企业的所有者权益。所有者权益一般不用还本，因而又称之为企业的自有资金。

负债，是指过去的交易、事项形成的现实义务，履行该义务预期会导致经济利益流出企业。企业通过银行借款、融资租赁等方式筹集的资金都属于企业的负债。负债到期要归还本金和利息，因而又称为企业的借入资金。

企业采用自有资金的方式筹集资金，财务风险小，但付出的资金成本相对较高；如果采用借入资金的方式筹集资金，一般须承担较大风险，但相对而言，付出的资金成本却较低。

4. 答：企业的筹资活动不仅与投资者及债权人的权益有关，而且与整个社会经济秩序紧密相关。为了规范企业筹资行为，国家制定了一系列规定，企业必须严格遵守。这些法律规定主要包括：

(1) 注册资本限额的规定。注册资本金是企业的基本财力，对于新设企业来说，其资金需要量至少要达到最低资本限额的规定。我国《公司法》、《外商投资企业法》等对此都有明确规定，其目的在于：保证企业设立后能正常进行生产经营；保证企业有足够的资本金以对外负债，并独立承担民事责任，维护投资者及债权人的利益。

(2) 企业负债限额的规定。现代企业的法律责任主要是有限责任，即仅以其完整的法人财产承担债务责任。为使债权人权益得到保护，我国也制定了一系列法规限制企业的债务总量，如规定累计债券发行总额、实行资产负债管理等。

5. 答：企业的资金需要量是筹集资金的数量依据，因此，必须科学合理地进行预测。预测资金需要量的方法包括定性预测法和定量预测法两大类。

(1) 定性预测法，是利用直观材料，依据个人的经验和主观分析、判断能力和预见能力，对未来时期资金需要量进行估计和推算的方法。其预测过程是：首先由熟悉财务情况和生产经营情况的专家根据过去所积累的经验，进行分析判断，提出预测的初步意见；然后，通过召开专业技术人员座谈会、专家讨论会或发出各种表格等形式，对上述预测的初步意见进行修订补充。经过一次或几次以后，得出预测的最后结果。这种方法较为简单，但准确性和可行性较差，一般是在企业缺乏完备、准确的历史资料的情况下或预测不太重要的项目时采用的。

（2）定量预测法，是以历史资料为依据，采用数学模型进行预测的方法。其优点是预测结果科学而精确，不足的是计算较为复杂而且企业必须具备完整的历史资料。常用的方法有销售百分比法和因素分析法两种。

销售百分比法，是根据销售指标与资产负债表、利润表有关项目之间的比例关系，预测短期资金需要量的方法。使用这一方法的前提是必须假设某报表项目与销售指标的比率已知而且固定不变。

因素分析法，主要是在企业基期实际资金占用水平基础上，考虑预测期有关因素的增减变动情况，据此计算企业预测期的资金需要量的一种预测方法。

6. 答：因素分析法，主要是在企业基期实际资金占用水平基础上，考虑预测期有关因素的增减变动情况，据此计算企业预测期的资金需要量的一种预测方法。

（1）确定企业基期资金的合理占用数额。企业在基期实际占用的资金数额，既包括企业正常生产所必需的合理占用数额，同时也包含一部分不正常、不合理的占用数额，如呆滞积压物资、超储积压的原材料、辅助材料、在产品和产成品等。剔除这部分不合理占用额，目的是要将预测的基数调整到合理的水平，以保证预测数值的科学性与合理性。

（2）确定预测年度有关因素变动对资金需要量的影响。影响资金需要量的因素主要有：业务量的变化、资产价格的升降、资金周转速度的快慢等。

其一，业务量变化对资金需要量的影响。生产经营业务量的增加或减少，必然会对企业的资金占用产生不同程度的影响。一般情况下，业务量增加，企业的资金需要量就增加，反之，则会减少。因此，对原材料、辅助材料、包装物、在产品、产成品和其他库存商品这些与生产经营活动有直接关系的资金占用项目，可以根据业务量的增长率进行同比例的调整；而对固定资产、低值易耗品、修理用备件等资金占用项目，则可按适当的比例进行调整。

其二，资产的价格变化对资金需要量的影响。在业务量、资金周转速度、实物占用数量一定的条件下，企业的资金需要量将随固定资产和存货价格的升降而变化，这种变化一般是同方向、同比例的。因此，在预测企业资金需要量时，必须考虑资产价格的因素。

其三，资金周转速度的变化对资金需要量的影响。在其他条件一定的前提下，资金周转速度的快慢，也将影响资金需要量。资金周转速度越快，企业的资金需要量就越少，反之，则越多。

综合以上因素，采用因素分析法预测资金需要量的公式为：

$$\begin{array}{c}\text{预测期资}\\\text{金需要量}\end{array}=\left(\begin{array}{c}\text{其期资金的}\\\text{实际占用额}\end{array}-\begin{array}{c}\text{其中不合}\\\text{理占用额}\end{array}\right)\times\left(1\pm\begin{array}{c}\text{预测期业}\\\text{务量变化\%}\end{array}\right)\times\left(1\pm\begin{array}{c}\text{预测期资产}\\\text{价格变化\%}\end{array}\right)\times\left(1\pm\begin{array}{c}\text{预测期资金周}\\\text{转速度变动\%}\end{array}\right)$$

7. 答：企业在采用吸收直接投资方式筹集资金时，投资者可以用现金、厂房、机器设备、材料物资、无形资产等作价出资。现分别说明如下：

(1) 以现金出资。以现金出资是吸收投资中一种最重要的出资方式。有了现金，便可获取其他物质资源。因此，企业应尽量动员投资者采用现金方式出资。吸收投资中所需投入现金的数额，取决于投入的实物、工业产权之外尚需多少资金来满足建厂的开支和日常周转需要。

(2) 以实物出资。以实物出资就是投资者以厂房、建筑物、设备等固定资产和原材料、商品等流动资产所进行的投资。一般来说，企业吸收的实物应当符合以下条件：其一，确为企业科研、生产、经营所需；其二，技术性能比较好；其三，作价公平合理。实物出资所涉及的实物作价方法应按照国家有关规定执行。

（3）以工业产权出资。以工业产权出资是指投资者以专有技术、商标权、专利权等无形资产所进行的投资。一般来说，企业吸收的工业产权应符合以下条件：第一，能帮助研究和开发出新的高科技产品；第二，能帮助生产出适销对路的高科技产品；第三，能帮助改进产品质量，提高生产效率；第四，能帮助大幅度降低各种消耗；第五，作价比较合理。

企业在吸收工业产权投资时应特别谨慎，应进行认真的可行性研究。因为以工业产权投资实际上是把有关技术资本化了，把技术的价值固定化了。而技术具有时效性，随着技术不断落后而导致价值不断减少甚至完全丧失，风险较大。

（4）以土地使用权出资。土地使用权是按照有关法规与合同的规定使用土地的权利。投资者也可以用土地使用权来投资。企业吸收土地使用权投资应符合以下条件：第一，企业科研、生产、销售活动所需要的；第二，交通、地理条件比较适宜；第三，作价公平合理。

8. 答：吸收直接投资的优点

（1）有利于增强企业信誉。吸收投资所筹集的资金属于自有资金，能增强企业的信誉和借款能力，对扩大企业经营规模、壮大企业实力，具有重要作用。

（2）有利于尽快形成生产能力。吸收投资可以直接获得投资者的先进设备和先进技术，有利于尽快形成生产能力，尽快开拓市场。

（3）有利于降低财务风险。吸收投资可以根据企业的经营状况向投资者支付报酬，企业经营状况好，要向投资者多支付一些报酬，企业经营状况不好，就可不向投资者支付报酬或少支付报酬，比较灵活，所以财务风险小。

吸收直接投资的缺点

(1) 资金成本较高。一般而言，采用吸收投资方式筹集资金所负担的资金成本较高，特别是企业经营状况较好和盈利较强时，更是如此。因为向投资者支付的报酬是根据其出资的数额和企业实现利润的多寡来计算的。

(2) 容易分散企业控制权。采用吸收投资方式筹集资金，投资者一般都要求获得与投资数量相适应的经营管理权，这是接受外来投资的代价之一。如果外部投资者的投资较多，则投资者会有相当大的管理权，甚至会对企业实行完全控制，这是吸收投资的不利因素。

9. 答：商业信用融资的优点有：

(1) 筹资便利。利用商业信用筹集资金非常方便。因为商业信用与商品买卖同时进行，属于一种自然性融资，不用作非常正规的安排。

(2) 筹资成本低。如果没有现金折扣，或企业不放弃现金折扣，则利用商业信用筹集资金没有实际成本。

(3) 限制条件少。如果企业利用银行借款筹集资金，银行往往对贷款的使用规定一些限制条件，而商业信用限制较少。

商业信用融资的缺点有：

商业信用的期限一般较短。如果企业取得现金折扣，则时间会更短；如果放弃现金折扣，则要付出较高的资金成本。

10. 答：银行借款是企业根据借款合同从银行以及其他金融机构借入的款项。短期银行借款是指期限在一年以内的借款。

短期银行借款，往往附加一些信用条件，主要有信用额度、周转信用协议、补偿性余额等。

（1）信用额度。信用额度是借款企业与银行之间正式或非正式规定的企业借款的最高限额。通常在信用额度内，企业可随时按需要向银行申请借款。例如：在正式协议下，约定某企业的信用额度为50万元，该企业已经借用30万元且尚未归还，则该企业仍可申请借款20万元，银行将予以保证。但在非正式协议下，银行并不承担按照最高借款限额保证贷款的法律义务。

（2）周转信用协议。周转信用协议是一种经常为大公司使用的正式信用额度。与一般信用额度不同，银行对周转信用额度负有法律义务，并因此向企业收取一定的承诺费用，一般按照企业未使用的信用额度的一定比率（2%左右）计算。

（3）补偿性余额。补偿性余额是银行要求借款企业将借款的10%～20%的平均存款余额留存银行。银行通常都有这种要求，目的是降低银行贷款风险，提高贷款的实际利率，以便补偿银行的损失。

11. 答：长期借款的期限长、风险大，按照国际惯例，银行通常对借款企业提出一些有助于保证贷款按时足额偿还的条件。这些条件写进贷款合同中，形成了合同的保证性条款。归纳起来，保证性条款大致有如下三类：

（1）一般性保护条款。一般性保护条款应用于大多数借款合同，但根据具体情况有不同内容，主要包括：①对借款企业流动资金保有量的规定，其目的在于保持借款企业资金的流动性和偿债能力；②对支付现金股利和再次购入股票的限制，其目的在于限制现金外流；③对资本支出规模的限制，目的在于减少企业日后不得不变卖资产以还债的可能性，仍着眼于保持企业资金的流动性；④限制其他长期债务，其目的在于防止其他贷款人取得对企业资产的优先求索权。

（2）例行性保护条款。例行性保护条款作为例行常规，在大多数借款合同中都出现过，主要包括：借款企业定期向银行提交财务报表，其目的在于及时掌握企业的财务状况；不准在正常情况下出售较多资产，以保证企业的正常生产能力；按期清偿应缴纳的税金和其他到期债务，以防止被罚款造成现金流失；不准以任何资产作为其他承诺的担保和抵押，不准贴现应收票据或出售应收账款，以避免或有负债；限制租赁固定资产的规模，以防止企业负担巨额租金从而削弱偿债能力，同时也防止企业以租赁固定资产的办法摆脱对其资本支出的限制。

（3）特殊性保护条款。特殊性保护条款是针对某些特殊情况而出现在部分借款合同中的，主要包括：贷款专款专用；不准企业投资于短期内不能收回的资金项目；限制企业高级职员的薪金和奖金金额；要求企业主要领导人在合同有效期间担任主要管理职务；要求企业主要领导人购买人身保险等。

12. 答：长期借款的优点：

（1）筹资速度快。长期借款的手续比发行股票和债券简单得多，得到借款所花费的时间较短。

（2）筹资成本低。利用长期借款筹资，利息可以在税前支付，可以减少企业实际负担的利息费用，因而筹资成本比股票筹资低；尽管债券的利息也可以在税前支付，但是，与债券筹资相比，长期借款的利率通常低于债券利率，而且长期借款因为没有庞大的发行费用，筹资的取得成本较低。

（3）灵活性强。在借款之前企业可根据当时资本需求与银行等金融机构直接协商贷款时间、数量和条件。在借款期间，如果企业的财务状况发生某些变化，也可以与银行等金融机构再协商，变更借款数量、时间和条件，或提前偿还利息。因此，长期借款对企业具有较大的灵活性。

（4）具有财务杠杆作用。企业利用长期借款筹资，会提高企业债务资金的比例，改变企业原有的资本机构。在企业的投资报酬率大于借款利率时，能使企业获得超过银行借款利息的差额利润，提高企业每股净利润。

长期借款的缺点：

（1）财务风险大。与自有资金筹集相比，长期借款需要按期还本付息，如果企业因经营不善或资金周转困难而不能按期还本付息时，企业将面临破产的可能。

（2）限制条件多。长期借款合同对借款用途有明确的规定，对企业资本支出额度、再融资等行为都有严格的约束。这些对企业的生产经营活动必将产生一定程度的影响。

（3）筹资数量有限。由于只是向某家或某几家金融机构筹资，而不是向社会筹资，长期借款的数额通常受到贷款金融机构的资本实力或贷款意愿的制约，难以像发行股票或债券那样通过金融市场筹集到大量的资本。

13. 答：融资租赁的特点主要是：

（1）一般由承租人向出租人提出正式申请，由出租人融通资金引进用户所需资产，然后再租给用户使用。

（2）租期较长。融资租赁的租期一般为租赁财产寿命的一半以上。

（3）租赁合同比较稳定。在融资租赁期，承租人必须连续支付租金，非经双方同意，中途不得退租。这样既能保证承租人长期使用资产，又能保证出租人在基本租期内收回投资并获得一定利润。

（4）租赁期满后，可选择以下办法处理租赁资产：将设备作价转让给承租人；由出租人收回；延长租期续租。

（5）在租赁期内，出租人一般不提供维修和保养设备方面的服务。

14. 答：融资租赁可细分为以下三种形式：

（1）售后租回。根据协议，企业将某资产卖给出租人，再将其租回使用。资产的售价大致为市价。采用这种租赁形式，出售资产的企业可得到相当于售价的一笔资金，同时仍然可以使用资产。当然，在此期间，该企业要支付租金，并失去了财产所有权。从事售后租回的出租人为租赁公司等金融机构。

（2）直接租赁。直接租赁是指承租人直接向出租人租入所需要的资产，并付出租金。直接租赁的出租人主要是制造厂商、租赁公司等。除制造厂商外，其他出租人都是先从制造厂商购买资产，再出租给承租人。

（3）杠杆租赁。杠杆租赁要涉及承租人、出租人和资金出借者三方当事人。从承租人的角度来看，这种租赁与其他租赁形式并无区别，同样是按照合同的规定，在基本租赁期内，定期支付定额租金，取得资产的使用权。但对出租人却不同，出租人只出购买资产所需的部分资金（如30%），作为自己的投资；另外以该资产作为担保向资金出借者借入其余资金（如70%）。因此，它既是出租人又是借款人，同时拥有对资产的所有权，即收取租金又要偿付债务。如果出租人不能按期偿还借款，那么资产的所有权就要转归资金出借者。

15. 答：融资租赁筹资的优点：

（1）筹资速度快。租赁往往比借款购置速度更迅速、更灵活，因为租赁是筹资与设备购置同时进行，可以缩短设备的购进、安装时间，使企业尽快形成生产能力，有利于企业尽快占领市场，打开销路。

（2）限制条件少。如前所述，债券和长期借款都订有相当多的限制条款，虽然类似的限制在租赁公司中也有，但一般比较少。

（3）设备淘汰风险小。当今，科学技术在迅速发展，固定资产更新周期日趋缩短。企业设备陈旧过时的风险很大，利用租赁集资可减少这一风险。这是因为融资租赁的期限一般为资产使用年限的75%，不会像资金购买设备那样整个期间都承担风险；且多数租赁协议都规定由出租人承担设备陈旧过时的风险。

（4）财务风险小。租金在整个租赁期内分摊，不用到期归还大量本金。许多借款都在到期日一次偿还本金，这会给财务基础较弱的公司造成相当大的困难，有时会造成不能偿付的风险。而租赁则把这种风险在整个租赁期内分摊，可适当减少不能偿付的风险。

（5）税收负担轻。税金可在税前扣除，具有抵免所得税的效用。

融资租赁筹资的缺点：

融资租赁筹资的最主要缺点就是资金成本较高。一般来说，其租金要比举借银行借款或发行债券所负担的利息高得多。在企业财务困难时，固定的租金也会构成较沉重的负担。

16. 答：杠杆收购筹资是以企业兼并、重组活动为背景的，是指某一企业拟收购其他企业进行结构调整和资产重组时，以被收购企业资产和将来的收益能力作抵押，从银行筹集部分资金用于收购行为的一种筹资活动。在一般情况下，借入资金占收购资金总额的70%～80%，其余部分为自有资金，通过财务杠杆效应便可成功地收购企业或其部分股权。通过杠杆收购方式重新组建后的企业总负债率为85%以上，且负债中主要成分为银行的借贷资金。

杠杆收购筹资较之传统的企业融资方式而言，具有不少自身的特点：

（1）筹资企业的杠杆比率高。筹资企业只需要投资少量的资金便可以获得较大金额的银行贷款以用于收购目标企业，即杠杆收购筹资的财务杠杆比率非常高，十分适宜资金不足又急于扩大生产规模的企业进行融资。

（2）有助于促进企业优胜劣汰。以杠杆融资方式进行企业兼并、改组，有助于促进企业的优胜劣汰。进行企业兼并、改组，是迅速淘汰经营不良、效益低下的企业的一种有效途径，同时效益好的企业通过收购、兼并其他企业能壮大自身实力，进一步增强竞争能力。

（3）贷款安全性强。对于银行而言，由于有拟收购企业的资产和将来的收益能力作抵押，因而其贷款的安全性有较大的保障，银行乐意提供这种贷款。

（4）可以获得资产增值。筹资企业利用杠杆收购筹资有时还可以得到意外的收益，这种收益主要来源于所收购企业的资产增值，因为在收购活动中，为使交易成功，被收购企业资产的出售价格一般都低于资产的实际价值。

（5）有利于提高投资者的收益能力。杠杆收购由于有企业经营管理者参股，因而可以充分调动参股者的积极性，提高投资者的收益能力。

第四章 投资管理

一、名词解释

1. 投资——指投入财力，以期在未来获取收益的行为。投资概念具有广义和狭义之分，广义的投资包括企业内部的资金投放和使用，以及对外部的投出资金；狭义的投资仅指对外部的投出资金。

2. 项目投资——是一种以特定项目为对象的长期投资行为，特定项目包括新建项目、扩建项目和更新改造项目。从性质上看，它是企业直接的、生产性的对内实物投资，主要包括固定资产投资和垫支的流动资产。

3. 项目计算期——指投资项目从投资建设开始到最终清理结束整个过程的全部时间，即该项目的有效持续时间。完整的项目计算期包括建设期和生产经营期。

4. 现金流量——在项目投资决策中，现金流量是指投资项目在其计算期内各项现金流入量与现金流出量的统称，它是评价投资方案是否可行时必须事先计算的一个基础性数据。

5. 初始现金流量——指开始投资时发生的现金流量，一般包括固定资产投资、无形资产投资、开办费投资、流动资产投资和原有固定资产的变价收入等。

6. 营业现金流量——指投资项目投入使用后，在其寿命周期内由于生产经营所带来的现金流入和流出的数量。

7. 终结现金流量——指投资项目有效期终了时所发生的现金流量，主要包括：固定资产的残值收入或变价收入、收回垫支的流动资金和停止使用的土地变价收入等。

8. 现金净流量——指在项目计算期内由每年现金流入量与同年现金流出量之间的差额所形成的序列指标，它是计算项目投资决策评价指标的重要依据。

9. 投资回收期——指回收初始投资所需要的时间，一般以年为单位表示。投资回收期的计算，会因每年的营业现金净流量是否相等而有所不同。如果每年营业现金净流量（NCF）相等，则投资回收期可按下式计算。投资回收期（PP）$=\frac{\text{原始投资额}}{\text{每年 NCF}}$

10. 投资利润率——又称投资报酬率（记作 ROI)，是指达产期正常年度利润或年均利润占投资总额的百分比。投资利润率的计算公式为：投资利润率（ROI）$=\frac{\text{年利润或年均利润}}{\text{投资总额}}\times 100\%$

11. 净现值——指在项目计算期内，按行业基准收益率或其他设定折现率计算的各年现金净流量现值的代数和。净现值指标的基本计算公式是：

$$\text{净现值（NPV）}=\sum_{t=0}^{n}[\text{第 t 年的净现金流量}\times\text{第 t 年的复利现值系数}]$$

$$=\sum_{t=0}^{n}\left[NCFt\cdot\frac{1}{(1+i)^{t}}\right]$$

$$=\sum_{t=0}^{n}[NCFt\cdot(P/F,i,t)]$$

12. 净现值率——是反映投资项目的净现值占原始投资现值的比率，亦可理解为单位原始投资的现值所创造的净现值。其计算公式为：

$$\text{净现值率（NPVR）}=\frac{\text{投资项目净现值}}{\text{原始投资的现值合计}}$$

$$= \frac{NPV}{\left|\sum_{t=0}^{s}\left[NCFt \cdot (1+i)^{-t}\right]\right|}$$

13. 获利指数——又被称为现值指数，是指投产后按行业基准折现率或设定折现率折算的各年现金净流量的现值合计与原始投资的现值合计之比。其计算公式为：

$$\text{获利指数（PI）} = \frac{\text{投产后各年净现金流量的现值合计}}{\text{原始投资的现值合计}}$$

$$= \frac{\sum_{t=s+1}^{n}\left[NCFt \cdot (P/F, i, t)\right]}{\left|\sum_{t=0}^{s}\left[NCFt \cdot (P/F, i, t)\right]\right|}$$

14. 内部收益率——指投资项目实际可望达到的收益率，即能使投资项目的净现值等于零时的折现率，又叫内含报酬率或内部报酬率。

15. 证券投资——指投资者将资金投资于股票、债券、基金及衍生证券等资产，从而获取收益的一种投资行为。

16. 债券投资——是指投资者购买债券以取得资金收益的一种投资活动。企业将资金投向各种各样的债券，例如，企业购买国库券、公司债券和短期筹资券等都属于债券投资。

17. 股票投资——是指企业将资金投向其他企业所发行的股票，包括普通股和优先股。

18. 组合投资——是指企业将资金同时投资于多种证券，例如，既投资于国库券，又投资于企业债券，还投资于企业股票。组合投资可以有效地分散证券投资风险，是企业进行证券投资时常用的投资方式。

19. 系统风险——也称为不可分散风险，是由于外部经济环境因素变化引起整个金融市场不确定性加强，从而对市场上所有证券都产生影响的共同性风险。

20. 利息率风险——由于利息率的变动而引起金融资产价格波动，投资人遭受损失的风险，叫利息率风险。

21. 再投资风险——是由于市场利率下降而造成的无法通过再投资而实现预期收益的风险。

22. 购买力风险——由于通货膨胀而使证券到期或出售时所获得的货币资金的购买力降低的风险，称为购买力风险。

23. 非系统风险——也称可分散风险，是由于特定经营环境或特定事件变化引起的不确定性，从而对个别证券产生影响的特有性风险。

24. 违约风险——证券发行人无法按期支付利息或偿还本金的风险，称为违约风险。

25. 流动性风险——在投资人想出售持有的证券获取现金时，证券不能立即出售的风险，叫流动性风险。

26. 破产风险——破产风险是指在证券发行者破产清算时，投资者无法收回应得权益的风险。

27. 短期证券投资——指持有年限在一年以内的证券，短期证券收益率的计算一般比较简单，因为期限短，所以不考虑资金时间价值因素，其基本的计算公式为：

$$\text{短期证券收益率} = \frac{\text{证券年利息或股利} + \left(\text{证券出售价格} - \text{证券购买价格}\right) \div \text{持有年限}}{\text{证券购买价格}} \times 100\%$$

$$\text{或：} K = \frac{P + (S_1 - S_0) \div t}{S_0} \times 100\%$$

28. 长期证券投资——指持有年限长于一年的证券。长期证券到期收益率的计算比较复杂，因涉及的时间较长，所以要考虑资金时间价值因素。在可以预知未来现金流入量的情况下，长期证券收益率就是使下式成立的内部利益率，用逐次测试法即可算出。

$$V=\sum_{t=0}^{n}Pt\cdot\frac{1}{(1+i)^{t}}+F\cdot\frac{1}{(1+i)^{n}}$$

29. 证券投资组合——又叫证券组合，是指在进行证券投资时，不是将所有的资金投向单一的某种证券，而是有选择地投向一组证券。

二、填空题

1. 直接投资、间接投资

2. 短期投资、长期投资

3. 对内投资、对外投资

4. 确定决策目标、搜集有关信息、提出备选方案、对备选方案进行评价，确定最优方案、评估决策的执行和信息反馈

5. 一次投入、分次投入

6. 初始现金流量、营业现金流量、终结现金流量

7. 非折现评价指标、折现评价指标

8. 在一定范围内越大越好的正指标、越小越好的反指标

9. 绝对量指标、相对量指标

10. 主要指标、次要指标、辅助指标

11. 股票、债券、基金、衍生证券

12. 暂时存放闲置资金、满足未来的财务需求、获得对相关企业的控制权

13. 债券投资、股票投资、组合投资

14. 系统性风险、非系统性风险

15. 利息率风险、再投资风险、购买力风险

16. 违约风险、流动性风险、破产风险

17. 选择种类足够的证券进行组合；投资收益呈负相关的证券放在一起进行组合；把风险大、风险中等、风险小的证券放在一起进行组合

三、单项选择题

1. D　2. A　3. C　4. B　5. C
6. B　7. D　8. A　9. D　10. C
11. B

四、多项选择题

1. ABCD　2. ABCD　3. ABCD　4. ABCD
5. BCD　6. BCD　7. AD　8. ABC
9. AC　10. ACD　11. CD　12. ABCD
13. ABCD　14. ABCD　15. ABCD

五、判断题

1. ×　2. ×　3. √　4. √　5. ×
6. √　7. √　8. √　9. ×　10. √
11. √　12. √　13. ×　14. √　15. ×
16. ×　17. √　18. √　19. ×　20. √
21. ×　22. √　23. ×　24. √　25. √
26. √　27. ×　28. √　29. √　30. √

六、计算与分析题

1. 答：该种股票的投资收益率为：

$(22.50-20+1)/20\times100\%=17.5\%$

2. 答：该种债券的投资收益率为：

（1 850 - 1 800 + 2 000 × 5%）/1 800 × 100% = 8.33%

3. 答：该种股票的预期收益率 $= \frac{[20 + (220 - 200)]}{200 \times 100\%} = 20\%$

4. 答：计算该债券价格为多少时，企业才能进行投资：

查表得知，当利率为 12%，期数为 5 年的年金现值系数为 3.605，复利现值系数为 0.567。

所以：债券价格 = 2 000 × 10% × 3.605 + 2 000 × 0.567

= 1 855（元）

即此债券的价格必须低于 1 855 元时，企业才能购买。

5. 答：计算该债券发行价格为多少时，企业才能购买：

查表得知，当利率为 10%，期数为 10 的复利现值系数为 0.386，计算债券的现值为：

债券价格 =（2 000 + 2 000 × 12% × 10）× 0.386

= 1 698.40（元）

即此债券的价格必须低于 1 698.40 元时，企业才能购买。

6. 答：计算该种股票的价值：

股票价格 $= \frac{2.5 \times (1 + 6\%)}{12\% - 6\%} = 44.17$（元）

即该种股票的价格在 44.17 元时，S 公司才能购买。

7. 答：计算该债券价格为多少时，企业才能购买：

查表得知，利率为 8%，期数为 5 的复利现值系数为 0.681，计算债券的现值为：

债券现值 = 2 000 × 0.681 = 1 362（元）

该债券的价格只有低于 1 362 元时，企业才能购买。

8. 答：为计算现金净流量，必须先计算两个方案每年折旧额：

甲方案每年折旧额 $= \frac{15\ 000}{5} = 3\ 000$（元）

$$乙方案每年折旧额 = \frac{12\ 000 - 2\ 000}{5} = 2\ 000（元）$$

下面用表 4－1 和表 4－2 分别计算两个方案的营业现金流量和现金净流量。

表 4－1　　投资方案营业现金流量计算表　　单位：元

	项　目	第1年	第2年	第3年	第4年	第5年
甲方案	（1）销售收入	7 000	7 000	7 000	7 000	7 000
	（2）成本费用	5 000	5 000	5 000	5 000	5 000
	（3）利润＝（1）－（2）	2 000	2 000	2 000	2 000	2 000
	（4）所得税＝（3）×40%	800	800	800	800	800
	（5）税后利润＝（3）－（4）	1 200	1 200	1 200	1 200	1 200
	（6）折旧	3 000	3 000	3 000	3 000	3 000
	（7）现金流量＝（5）＋（6）	4 200	4 200	4 200	4 200	4 200
乙方案	（1）销售收入	8 000	8 000	8 000	8 000	8 000
	（2）成本费用	5 000	5 400	5 800	6 200	6 600
	（3）利润＝（1）－（2）	3 000	2 600	2 200	1 800	1 400
	（4）所得税＝（3）×40%	1 200	1 040	880	720	560
	（5）税后利润＝（3）－（4）	1 800	1 560	1 320	1 080	840
	（6）折旧	2 000	2 000	2 000	2 000	2 000
	（7）现金流量＝（5）＋（6）	3 800	3 560	3 320	3 080	2 840

表 4－2　　投资方案现金净流量计算表　　单位：元

	项　目	第0年	第1年	第2年	第3年	第4年	第5年
甲方案	固定资产投资	－15 000					
	营业现金流量		4 200	4 200	4 200	4 200	4 200
	现金净流量合计	－15 000	4 200	4 200	4 200	4 200	4 200

续表

项目		第0年	第1年	第2年	第3年	第4年	第5年
乙方案	固定资产投资	-12 000					
	流动资产垫支	-3 000					
	营业现金流量		3 800	3 560	3 320	3 080	2 840
	固定资产残值						2 000
	流动资金回收						3 000
	现金净流量合计	-15 000	3 800	3 560	3 320	3 080	7 840

在上面表4-1和表4-2中，第0年代表第一年年初，第1年代表第一年年末，第2年代表第2年年末……。在现金净流量的计算中，为了简化，一般都假定各年投资在年初一次进行，各年营业现金流入在各年年末一次发生。

9. 答：短期证券收益率为：

$$K=\frac{100\times8.56\%+(100-102)\div0.5}{102}\times100\%$$

$$=4.47\%$$

10. 答：短期证券收益率为：

$$K=\frac{3.9+(66.5-64)\div1}{64}\times100\%=10\%$$

11. 答：用内部收益率的计算方法计算如下：

用10%的折现率进行测试，查表得知，折现率为10%，期数为5年的年金现值系数为3.7908，复利现值系数为0.6209，其现值计算如下：

$$V=80\times3.7908+1\ 000\times0.6209=924.16（元）$$

计算出的现值正好为924.16元，说明该投资的收益率为10%。

12. 答：采用逐次测试法，测试结果见表4-3。

表 4-3 测试结果表 单位：元

时间	股利及出售股票的现金流量	测试 18%		测试 16%	
		系数	现值	系数	现值
2003	5 000	0.8475	4 238	0.8621	4 311
2004	6 000	0.7182	4 309	0.7432	4 459
2005	68 000	0.6086	41 385	0.6407	43 568
合计	—	—	49 932	—	52 338

折现率为 18% 时，现值为 49 932 元，比 51 000 元小；折现率为 16% 时，现值为 52 338 元，比 51 000 元大。采用内插法计算如下：

$$\text{该股票投资收益率} = 16\% + \frac{52\ 338 - 51\ 000}{52\ 338 - 49\ 932} \times (18\% - 16\%)$$

$$= 17.11\%$$

13. 答：根据公式得：

$$P = 1\ 000 \times (P/F,\ 12\%,\ 5) + 1\ 000 \times 10\% \times (P/A,\ 12\%,\ 5)$$

$$= 1\ 000 \times 0.567 + 100 \times 3.605 = 927.5\ (\text{元})$$

即这种债券的价格必须低于 927.5 元时，才值得购买。

14. 答：根据公式得：

$$P = \frac{1\ 000 + 1\ 000 \times 12\% \times 10}{(1 + 10\%)^{10}} = 849.2\ (\text{元})$$

即债券价格必须低于 849.2 元时，才值得购买。

15. 答：由公式得：

$$P = 1\ 000 \times (P/F,\ 8\%,\ 5)$$

$$= 1\ 000 \times 0.681 - 681\ (\text{元})$$

该债券的价格只有低于 681 元时，企业才能购买。

16. 答：该种股票的内在价值应为：

$$V=\frac{2\times(1+4\%)}{10\%-4\%}=34.67\text{（元）}$$

即东方信托公司的股票价格在34.67元以下时，时代公司才值得购买。

七、简答题

1. 答：投资是指投入财力，以期在未来获取收益的行为。在市场经济条件下，投资活动比较普遍，投资管理是财务管理的一项核心内容，而投资决策是投资管理的关键环节。企业能否作出正确的投资决策，把筹集到的资金投放到收益高、回收快、风险小的项目上去，对企业的生存和发展至关重要。

投资概念具有广义和狭义之分，广义的投资包括企业内部的资金投放和使用，以及对外部的投出资金；狭义的投资仅指对外部的投出资金。

（1）按照投资的介入程度，分为直接投资和间接投资。直接投资是指由投资人直接介入投资行为，将货币资金直接投入投资项目，形成实物资产或者购买现有企业资产的一种投资。其中：在一年以上才能收回的直接投资是一种以特定项目为对象，直接与新建或更新改造项目有关的长期投资行为，且投资所占比重较大，建设周期较长，所以称为项目投资。

间接投资是指投资者以其资本购买公债、公司债券、金融债券或公司股票等，以期获得一定收益的投资。由于其投资形式主要是购买各种各样的有价证券，因此也被称为证券投资。直接投资与间接投资同属于投资者对预期能带来收益的资产的购买行为，但两者有着实质性的区别：直接投资的资金所有者和资金使用者是统一的，而间接投资的资金所有者和使用者是分离的。

（2）按投资回收时间的长短，分为短期投资和长期投资。

短期投资是指准备在一年以内收回的投资，主要指对现金、应收账款、存货、短期有价证券等的投资。

长期投资指一年以上才能收回的投资，主要指对房屋、建设物、机器、设备等能够形成生产能力的物质技术基础的投资，也包括对无形资产和长期有价证券的投资。

(3) 按照投资方向，分为对内投资和对外投资。对内投资指将资金投放于为取得供本企业生产经营使用的固定资产、无形资产和垫支流动资金而形成的一种投资。对内投资都是直接投资。

对外投资指以现金、实物资产、无形资产或者购买股票、债券等有价证券方式向其他企业的投资。对外投资主要是间接投资，也可以是直接投资。

区分企业对内投资和对外投资最简单的方法，就是看投资的结果是否取得了可供本企业使用的实物资产。假定甲企业拟投资购买一处厂房，如果指定用途是为扩大本企业生产能力，则该项投资为对内投资；如果指定用途是作为与乙企业另外组建一个合营企业的出资，则该项投资为对外投资。如果甲企业将部分现有设备和产品作为新组建的全资子公司的实物资产进行投资，则该项投资也属于对外投资。

2. 答：投资管理的原则是：

(1) 认真进行市场调查，及时捕捉投资机会。在商品经济条件下，投资机会不是固定不变的，而是不断变化的，它受市场需求等诸多因素的影响。财务管理人员在投资之前，必须认真进行市场调查与分析，寻找最有利的投资机会。

(2) 建立科学的投资决策程序，认真进行投资项目的可行性分析。在市场经济条件下，企业的投资都会面临一定的风险，为了保证投资决策的正确有效，必须按科学的投资决策程序，进行投资项目的可行性分析。投资项目可行性分析的主要任务是对投资项目技术上的可行性和经济上的有效性进行论证，认真分析风险，权衡风险与报酬，运用各种方法计算出有关指标，以便合理确定不同项目的优劣，选择最佳投资方案。

（3）及时足额地筹集资金，保证投资项目的资金供应。企业的投资项目，特别是大型投资项目，建设工期长，所需资金多，一旦开工，就必须有足够的资金来支持。因此，在投资项目上马之前，就必须科学预测投资所需资金的数量和时间，采用适当的方法，筹措资金，保证投资项目顺利完成，尽快产生投资效益。

3. 答：在市场经济条件下，企业投资，特别是大规模的长期投资，都有比较大的风险。一旦决策失误，就会严重影响企业的财务状况和现金流量，甚至使企业走向破产。因此，企业投资不能在缺乏调查研究的情况下轻率拍板，而必须按特定的程序，运用科学的方法进行决策。投资决策程序如下：

（1）确定决策目标。确定决策目标时，应确定是项目投资还是证券投资。由于项目投资的对象主要是固定资产，内容复杂，影响较大，因而是决策的典型、重点。决策目标包括预期现金流量和经济效益等。

（2）搜集有关信息。搜集信息就是针对决策目标，广泛搜集尽可能多的、对决策目标有影响的各种可计量和不可计量的信息资料，作为今后决策的根据。例如项目的资源条件、产品需求的现状和趋势、现行技术装配、预计资金需要量和现金流量等。

（3）提出备选方案。即对投资项目进行技术、经济、社会等方面的充分论证，提出几种可供选择的方案。

（4）对备选方案进行评价，确定最优方案。即把各个备选方案的资料先分别归类，系统排列。然后进行定量分析，对各方案的现金流量进行计算、比较和分析，再根据经济效益的大小对备选方案作出初步的判断和评价。最后再根据政策、经济形势和社会需求的变化进行定性分析。把定量分析和定性分析结合起来，统盘考虑，权衡利害得失，并根据各方案提供的经济效益和社会效益的高低进行综合判断，最后筛选出最优方案。

(5) 评估决策的执行和信息反馈。当上一阶段筛选出的最优方案付诸实施后，还需对决策的执行情况进行跟踪评估，借以发现过去决策中存在的问题，然后再通过信息反馈，纠正偏差，以保证决策目标的最终实现。

4. 答：项目投资是一种以特定项目为对象的长期投资行为，特定项目包括新建项目、扩建项目和更新改造项目。从性质上看，它是企业直接的、生产性的对内实物投资，主要包括固定资产投资和垫支的流动资产。

工业企业投资项目主要可分为以新增生产能力为目的的新建项目和以恢复或改善生产能力为目的的更新改造项目两大类。新增项目按其涉及内容还可进一步细分为单纯固定资产投资项目和完整工业投资项目。单纯固定资产投资项目简称固定资产投资，其特点在于：在投资中只包括为取得固定资产而发生的垫支资本投入而不涉及周转资本的投入；完整工业投资项目则不仅包括固定资产投资，而且还涉及到流动资产投资，甚至包括其他长期资产（如无形资产、递延资产）的投资。

5. 答：项目投资决策中的现金流量，从时间特征上看包括以下三个组成部分：

(1) 初始现金流量。指开始投资时发生的现金流量，一般包括固定资产投资、无形资产投资、开办费投资、流动资产投资和原有固定资产的变价收入等。

(2) 营业现金流量。指投资项目投入使用后，在其寿命周期内由于生产经营所带来的现金流入和流出的数量。

（3）终结现金流量。指投资项目有效期终了时所发生的现金流量，主要包括：固定资产的残值收入或变价收入、收回垫支的流动资金和停止使用的土地变价收入等。

6. 答：项目投资决策评价指标指用于衡量和比较投资项目可行性，以便据以进行方案决策的定量化标准与尺度，是由一系列综合反映投资收益、投入产出关系的量化指标构成的。

评价指标按不同标志，可分类如下：

（1）按是否考虑资金时间价值，分为非折现评价指标和折现评价指标。前者又称静态指标，包括投资回收期和投资利润率，后者又称动态指标，包括净现值、净现值率、获利指数和内部收益率。

（2）按指标性质，可分为在一定范围内越大越好的正指标和越小越好的反指标。投资利润率、净现值、净现值率、获利指数和内部收益率属于正指标；投资回收期属于反指标。

（3）按数量特征，分为绝对量指标和相对量指标。前者包括以时间为计量单位的投资回收期和以价值量为计量单位的净现值；后者包括投资利润率、净现值率、获利指数和内部收益率。

（4）按其在决策中所处的地位，分为主要指标、次要指标和辅助指标。净现值、内部收益率等为主要指标；投资回收期为次要指标；投资利润率为辅助指标。

7. 答：证券投资指投资者将资金投资于股票、债券、基金及衍生证券等资产，从而获取收益的一种投资行为。企业进行证券投资的主要目的：

（1）暂时存放闲置资金。企业一般都持有一定量的有价证券，以替代过大的非盈利的现金余额，并在现金流出超过现金流入时，将持有的有价证券售出，以增加现金。

（2）满足未来的财务需求。假如企业在不久的将来有一笔现金需求，如建一座厂房或归还到期债务，则将现金投资于证券，以便到时售出，满足所需要的现金。

（3）获得对相关企业的控制权。有些企业往往从战略上考虑要控制另外一些企业，这可以通过股票投资实现。

8. 答：证券投资按其投资对象的不同，可分为以下几种：

（1）债券投资。债券投资是指投资者购买债券以取得资金收益的一种投资活动。企业将资金投向各种各样的债券，例如，企业购买国库券、公司债券和短期筹资券等都属于债券投资。与股票投资相比，债券投资的风险较小，相应地，其收益也比较低。

（2）股票投资。股票投资是指企业将资金投向其他企业所发行的股票，包括普通股和优先股。企业投资于股票，尤其是普通股票，要承担较大风险，但在通常情况下，也会取得较高收益。

（3）组合投资。组合投资是指企业将资金同时投资于多种证券，例如，既投资于国库券，又投资于企业债券，还投资于企业股票。组合投资可以有效地分散证券投资风险，是企业进行证券投资时常用的投资方式。

9. 答：系统风险也称为不可分散风险，是由于外部经济环境因素变化引起整个金融市场不确定性加强，从而对市场上所有证券都产生影响的共同性风险。主要包括以下几种：

（1）利息率风险。由于利息率的变动而引起金融资产价格波动，投资人遭受损失的风险，叫利息率风险。证券的价格，随利息率的变动而变动，一般而言，银行利率下降，则证券价格上升；银行利率上升，则证券价格下跌。不同期限的证券，利息率风险不一样，期限越长，风险越大。

（2）再投资风险。再投资风险是由于市场利率下降而造成的无法通过再投资而实现预期收益的风险。根据流动性偏好理论，长期投资的收益率应当高于短期利率。为了避免市场利率变动的利息率风险，投资者可能会投资于短期证券，但短期证券又会面临着市场利率下降的再投资风险，即无法按预定收益率进行再投资而实现所要求的预期收益。

（3）购买力风险。由于通货膨胀而使证券到期或出售时所获得的货币资金的购买力降低的风险，称为购买力风险。在通货膨胀时期，购买力风险对投资者有重要影响。一般而言，随着通货膨胀的发生，变动收益的证券比固定收益的证券更好。因此，普通股票被认为比公司债券和其他有固定收入的证券能更好地避免购买力风险。

10. 答：非系统风险也称可分散风险，是由于特定经营环境或特定事件变化引起的不确定性，从而对个别证券产生影响的特有性风险。主要包括以下几种：

（1）违约风险。证券发行人无法按期支付利息或偿还本金的风险，称为违约风险。一般而言，政府发行的证券违约风险小，金融机构发行的证券次之，工商企业发行的证券风险较大。导致发行人违约的原因有：①政治、经济形势发生重大变动；②发生自然灾害，如水灾、火灾等；③企业经营管理不善，销售滑坡，亏损严重，无力偿还到期债务。

（2）流动性风险。在投资人想出售持有的证券获取现金时，证券不能立即出售的风险，叫流动性风险。证券投资的流动性风险大小因证券种类不同而不同，例如，购买小公司的债券，想立即出售比较困难，因而流动性风险较大，但若购买国库券，几乎可以立即出售，则流动性风险较小。

（3）破产风险。破产风险是指在证券发行者破产清算时，投资者无法收回应得权益的风险。

11. 答：债券投资的优点可概括为本金安全性高，收入稳定性强，市场流动性好。缺点是购买力风险较大，且没有经营管理权。

12. 答：股票投资是一种最具有挑战性的投资，其收益和风险都比较高。其优点可概括为投资收益高，购买力风险低、拥有经营控制权。其缺点主要是股票投资的求偿权居后，且价格和收益均不稳定，所以风险较大。

13. 答：证券投资组合又叫证券组合，是指在进行证券投资时，不是将所有的资金投向单一的某种证券，而是有选择地投向一组证券。

证券投资的盈利性吸引了众多投资者，但证券投资的风险性又使许多投资者望而却步。简单地把全部资金投向一种证券，便要承受巨大的风险，一旦失误，就会全盘皆无。如何才能有效地解决好这一难题呢？证券市场上经常可听到一句名言：不要把全部鸡蛋放在一个篮子里。科学地进行证券的投资组合就是一个比较好的方法。

证券投资的风险可分成两大部分：可分散风险与不可分散风险。通过有效地进行证券投资组合，便可消减甚至消除可分散风险，达到降低风险的目的。例如，多买几家公司的股票，其中某些公司的股票收益上升，另一些股票的收益下降，从而将风险抵消。

一般认为，企业通过证券投资组合，可以在不影响预期报酬的前提下，降低风险，实现收益的稳定化。

14. 答：证券投资组合的方法很多，常见的有：

（1）选择种类足够的证券进行组合。这是一种最简单的证券投资组合方法。在采用这种方法时，不是进行有目的的组合，而是随机选择证券，随着证券种类的增加，可分散风险会逐步减少，当种类足够多时，大部分可分散风险就有可能被分散掉。

（2）投资收益呈负相关的证券放在一起进行组合。一种股票的收益上升而另一种股票的收益下降的两种股票，称为负相关股票。例如，某企业同时持有一家汽车制造公司的股票和一家石油公司的股票，当石油价格大幅度上升时，这两种股票便呈负相关。因为油价上涨，石油公司的收益会增加，但油价的上升，会影响汽车的销量，使汽车公司的收益降低。

（3）把风险大、风险中等、风险小的证券放在一起进行组合。这种组合又称 1/3 法，即把全部资金的 1/3 投资于风险大的证券，1/3 投资于风险中等的证券，1/3 投资于风险小的证券。一般而言，风险大的证券对经济形势的变化比较敏感，当经济处于繁荣时期，获得高额收益，但当经济衰退时，却会遭受巨额损失；相反，风险小的证券对经济形势的变化则不十分敏感，一般都能获得稳定收益，而不至遭受损失。因此，这种投资组合法虽不会获得太高的收益，但也不会承担巨大风险，是一种常见的组合方法。

第五章 资产管理

一、名词解释

1. 流动资产——指可以在一年或者超过一年的营业周期内耗用和变现的资产，主要包括货币资金、有价证券、应收账款、预付账款和存货等。

2. 现金——财务管理中的现金，指在生产过程中暂时停留在货币形态的资金，包括库存现金、银行存款、银行本票和银行汇票等。

3. 机会成本——指企业因保留一定现金余额而丧失的再投资收益，机会成本与现金持有量成正比例关系，其等于有价证券的利率乘以现金持有量。

4. 短缺成本——指企业因现金持有量不足，不能应付经营业务活动开支所需，而使企业蒙受损失或者为此付出的代价。

5. 转换成本——即企业用现金购入有价证券以及转让有价证券换取现金时付出的交易费用，如委托买卖佣金、委托手续费、证券过户费、实物交割手续费等。

6. 管理成本——企业保留现金，对现金进行管理，会发生一定的管理费用，如管理人员工资及必要的安全措施费等，这部分费用具有固定成本的性质，它在一定范围内与现金持有量的多少关系不大，是决策无关成本。

7. 坏账成本——由于各种各样的原因，应收账款中总有一部分不能如数收回而发生的损失，就是应收账款的坏账成本。坏账成本一般与应收账款发生的数量成正比，即应收账款越多，坏账成本越大。

8. 现金折扣成本——指企业在信用条件中规定有现金折扣的情况下，因客户提前付款而给予客户的价格优惠。

9. 信用政策——信用政策即应收账款的管理政策，包括信用标准、信用条件和收账方针三部分内容，是企业财务政策的一个重要组成部分。

10. 信用评估——是根据信用调查得到的有关资料，运用特定方法，对客户信用状况进行分析和评价的方法，最常用的是“5C 评估法”和信用评分法。

11. 5C 评估法——指重点分析影响信用的五个方面的一种方法。这五个方面英文的第一个字母都是 C，所以称“5C 评估法”。这五个方面是：品质（Character）、能力（Capacity）、资本（Capital）、抵押（Collateral）和条件（Condition）。

12. 信用评分法——是先对一系列财务比率和信用情况进行评分，然后加权平均，得出客户综合的信用分数，并以此进行信用评估的一种方法。

13. 缺货成本——指企业由于存货供应中断而造成的损失，包括材料供应中断造成的停工损失、产成品库存缺货造成的拖欠发货损失和丧失销售机会的损失等。

14. ABC 分类管理——所谓 ABC 分类管理就是按照一定的标准，将企业的存货划分为 A、B、C 三类，分别实行分品种重点管理、分类别一般控制和按总额灵活掌握的存货管理方法。

15. 查定法——指在查定固定资产需要实物量的基础上，进一步测算固定资产需要价值量的方法。

16. 固定资产占用率法——是以上年固定资产占用为基础，结合计划年度生产任务增长情况，并考虑改进固定资产利用效果的各项措施，通过调整来确定计划年度固定资产占用额的方法。

二、填空题

1. 货币资金、有价证券、应收账款、预付账款、存货
2. 交易动机、预防动机、投机动机
3. 机会成本、短缺成本、转换成本、管理成本
4. 成本分析模式、存货模式
5. 促进销售、减少存货
6. 机会成本、管理成本、坏账成本、现金折扣成本
7. 信用标准、信用条件、收账方针
8. 直接调查、间接调查
9. “5C 评估法”、信用评分法
10. 无力偿付、故意拖欠
11. 保证正常生产、适应市场变化、降低进货成本、维持均衡生产
12. 取得成本、储存成本、缺货成本
13. 生产用固定资产、非生产用固定资产
14. 使用中的、未使用的、不需用的固定资产
15. 房屋及建筑物、机器设备、运输设备、其他设备
16. 查定法、固定资产占用率法。

三、单项选择题

1. C	2. C	3. D	4. A	5. A
6. D	7. C	8. C	9. C	10. A
11. B	12. B	13. A	14. B	15. B
16. C	17. A	18. C	19. A	20. C
21. D	22. B	23. A	24. B	25. C
26. A	27. B	28. A		

四、多项选择题

1. ABCD　2. ABCD　3. ABD　4. BCD
5. ABCD　6. ABD　7. AD　8. BC
9. ABC　10. ABCD　11. ABCD　12. ABCD
13. BC　14. ABC　15. ABCD　16. ABCD
17. ABD　18. ACD　19. ABD　20. ABCD
21. ABCD　22. ABC　23. ABCD　24. ABD
25. BCD　26. AC　27. ABCD　28. ABD
29. CD　30. AB

五、判断题

1. ×　2. √　3. √　4. ×　5. √
6. ×　7. ×　8. √　9. ×　10. √
11. ×　12. ×　13. ×　14. √　15. ×
16. √

六、计算与分析题

1. 解：根据题目所提供的资料，采用成本分析法确定最佳现金持有量如表 5－1 所示。

表 5－1　现金持有总成本　单位：元

项目＼方案	A	B	C	D	E
机会成本	4 500	7 500	12 000	16 500	22 500
管理成本	25 000	25 000	25 000	25 000	25 000
短缺成本	16 000	12 000	7 000	3 500	0
总成本	45 500	44 500	44 000	45 000	47 500

将表 5 - 1 中的各方案的总成本加以比较可以看出，C 方案的总成本最低，也就是说，当企业持有 80 000 元现金时，C 方案的总代价最低，对企业最合算，所以，80 000 元现金是该企业的最佳现金余额。

2. 解：（1）根据题目所提供的资料，分别采用不同的订货批量逐批测试如表 5 - 2 所示。

表 5 - 2　经济批量逐批测试表（全年需要量 120 000 千克）

项　目	各 种 批 量				
定购批数①（批）	1	2	3	4	5
定购批量② = 120 000 ÷ ①（千克）	120 000	60 000	40 000	30 000	24 000
年储存成本③ = ② ÷ 2 × 0.6（元）	36 000	18 000	12 000	9 000	7 200
年订货成本④ = ① × 4 000（元）	4 000	8 000	12 000	16 000	20 000
年总成本合计⑤ = ③ + ④（元）	40 000	26 000	24 000	25 000	27 200

从表 5 - 2 可以看出，每批采购甲种材料 40 000 千克，一年采购 3 次，全年订货成本和储存成本之和最低，为 24 000 元，所以，40 000 千克为甲种材料的最佳订货批量，即经济订货批量。

（2）经济订货批量 $Q = \sqrt{\frac{2TF}{K}} = \sqrt{\frac{2 \times 120\ 000 \times 4\ 000}{0.6}}$

$= 40\ 000$（Kg）

3. 解：最佳现金持有量 $= \sqrt{\frac{2 \times 245\ 000 \times 980}{20\%}}$

$= 49\ 000$（元）

有价证券转换为现金的次数 $= 245\ 000 \div 49\ 000$

$= 5$（次）

新宏公司最佳现金持有量为 49 000 元，有价证券转换为现金的次数为 5 次。

4. 解：兴业公司全年需要 A 零件为：

根据经济批量公式，$Q=\sqrt{\frac{2AB}{C}}$ 即：

$$Q=\sqrt{\frac{2\times A\times 10\ 000}{36}}=2\ 400，则：$$

$$A=\frac{2\ 400^2\times 36}{2\times 10\ 000}=10\ 368\text{（只）}$$

兴业公司全年需要 A 零件 10 368 只。

5. 解：现金收入合计 =990 000 +247 500 =1 237 500（元）

现金支出合计 =660 000 +412 500 =1 072 500（元）

净现金流量 =1 237 500 －1 072 500 =165 000（元）

现金余缺额 =247 500 －132 000 =115 500（元）

或 =82 500 +165 000 －132 000 =115 500（元）

6. 解：泰康公司 M 材料的每千克年储存成本为：

根据存货的经济批量公式 $Q=\sqrt{\frac{2AB}{C}}$，即：

$$Q=\sqrt{\frac{2\times 15\ 600\times 5\ 200}{C}}=5\ 200，则：$$

$$C=\sqrt{\frac{2\times 15\ 600\times 5\ 200}{5\ 200\times 5\ 200}}=6\text{（元）}$$

7. 解：按经济进货批量基本模式确定的经济批量为：

$$Q=\sqrt{\frac{2\times 4\ 000\times 60}{3}}=400\text{（千克）}$$

每次进货 400 千克的存货相关总成本为：

$$存货相关总成本=4\ 000\times 20+\frac{4\ 000}{400}\times 60+\frac{400}{2}\times 3$$

$$=81\ 200\text{（元）}$$

每次进货 1 000 千克时的存货相关总成本为：

$$\text{存货相关总成本}=4\ 000\times20\times(1-2\%)+\frac{4\ 000}{1\ 000}\times60+\frac{1\ 000}{2}\times3$$

$$=80\ 140\text{（元）}$$

每次进货2 000千克的存货相关总成本为：

$$\text{存货相关总成本}=4\ 000\times20\times(1-3\%)+\frac{4\ 000}{2\ 000}\times60+\frac{2\ 000}{2}\times3$$

$$=80\ 720\text{（元）}$$

通过比较发现，每次进货为1 000千克时的存货相关总成本最低，所以此时最佳经济进货批量为1 000千克。

七、简答题

1. 答：流动资产指可以在一年或者超过一年的营业周期内耗用和变现的资产，主要包括货币资金、有价证券、应收账款、预付账款和存货等。

流动资产有以下特点：

(1) 流动资产的周转具有短期性。投放在流动资产上的资金，通常在一年或一个营业周期内收回，对企业影响的时间比较短。根据这一特点，投放于流动资产上的资金可以采用商业信用、银行流动资金借款等短期筹资方式解决。

(2) 流动资产具有易变现性。短期投资、应收账款、存货等流动资产一般具有较强的变现能力，如果由于一些特殊原因，企业出现资金周转不灵、现金短缺时，便可以迅速变卖这些资产以获取现金。

(3) 流动资产的数量具有波动性。流动资产在企业再生产过程中，其数量会随着企业内外部条件的变化而变化，时高时低。季节性企业如此，非季节性企业也如此。企业在筹集资金时，应考虑到这一特点，合理安排资金来源，以保证在资金占用较多时获取资金，在资金占用较少时归还借款。

（4）流动资产循环与生产经营周期具有一致性。以工业企业为例，流动资产循环经过供产销三个阶段，其占用形态按现金→材料→在产品→产成品→应收账款→现金的顺序转化，各形态依次继起，同时并存。流动资产的循环与生产经营周期的一致性，有助于企业合理组织供产销过程，加速流动资产的周转，提高流动资产运营效率。

2. 答：企业持有一定数量的现金，主要基于以下三个方面的动机：

（1）交易动机。即企业为满足日常业务的现金支付需要，如购买材料、支付工资、缴纳税款、支付股利等，必须保持一定数额的现金余额。

（2）预防动机。由于企业在生产经营过程中有许多意外事件，例如地震、水灾、火灾、风灾等自然灾害，生产事故，主要客户未能及时付款等，往往会打破企业的现金预算，使现金收支不平衡。持有合适数量的现金，便可使企业更好地应付这些意外事件的发生。

（3）投机动机。即企业为了抓住各种瞬息即逝的市场机会，获取较大的利益而准备一定的现金余额。如利用证券市价大幅度跌落购入有价证券，以期在价格反弹时卖出证券获取高额资本利得（价差收入）等。

3. 答：持有现金的成本包括：

（1）机会成本。指企业因保留一定现金余额而丧失的再投资收益，机会成本与现金持有量成正比例关系，其等于有价证券的利率乘以现金持有量。

（2）短缺成本。指企业因现金持有量不足，不能应付经营业务活动开支所需，而使企业蒙受损失或者为此付出的代价。此损失或者代价大致包括两项：一是丧失购买机会的缺货损失和得不到折扣好处的损失；二是因合同无法履行和债权人索债而造成的损失。短缺成本与现金持有量成反方向变动关系。

（3）转换成本。即企业用现金购入有价证券以及转让有价证券换取现金时付出的交易费用，如委托买卖佣金、委托手续费、证券过户费、实物交割手续费等。转换成本包括每次交易按委托成交额计算的变动性转换成本和不按委托成交额计算的固定性转换成本。在证券总额既定的条件下，无论变现次数怎样变动，所需交付的委托成交金额是相同的。因此，那些按委托成交额计算的变动性固定成本与证券变现次数关系不大，属于决策无关成本；不按委托成交额计算的固定性转换成本与证券变现次数相关，属于决策相关成本。固定性转换成本与现金持有量成反比例关系。

（4）管理成本。企业保留现金，对现金进行管理，会发生一定的管理费用，如管理人员工资及必要的安全措施费等，这部分费用具有固定成本的性质，它在一定范围内与现金持有量的多少关系不大，是决策无关成本。

4. 答：应收账款的功能指它在生产经营中的作用。主要有两项：

（1）促进销售。在市场竞争比较激烈的情况下，赊销是促进销售的一种重要方法。进行赊销的企业实际上是向顾客提供了两项交易：①向顾客销售产品；②在一定期限内向顾客提供资金。虽然赊销仅仅是影响销售量的因素之一，但在紧缩银根、市场疲软、资金匮乏的情况下，赊销的促销作用十分明显。特别是在企业销售新产品、开拓新市场时，赊销更有重要的意义。

（2）减少存货。企业持有产成品存货，要追加管理费、仓储费和保险费等方面的支出；相反，企业持有应收账款，则无需上述支出。因此，无论是季节性企业还是非季节性企业，当产成品存货比较多时，一般都采用较为优惠的信用条件进行销售，以便把存货转为应收账款，减少产成品库存，降低各种费用支出。

5. 答：持有应收账款也要付出一定的代价，即成本，应收账款的成本主要有：

（1）机会成本。是指因资金投放于应收账款而放弃的其他收入，例如，投资于有价证券便会有一定利息收入，这种成本等于维持赊销业务所需要的资金乘以资金成本率，一般以有价证券利息率作为资金成本率。

（2）管理成本。指企业对应收账款进行管理而耗费的开支，主要包括对客户的资信调查费用、收账费用和其他费用。

（3）坏账成本。由于各种各样的原因，应收账款中总有一部分不能如数收回而发生的损失，就是应收账款的坏账成本。坏账成本一般与应收账款发生的数量成正比，即应收账款越多，坏账成本越大。

（4）现金折扣成本。指企业在信用条件中规定有现金折扣的情况下，因客户提前付款而给予客户的价格优惠。

6. 答：信用政策即应收账款的管理政策，包括信用标准、信用条件和收账方针三部分内容，是企业财务政策的一个重要组成部分。企业要管好应收账款必须事先制定合理的信用政策。

（1）信用标准。信用标准是企业同意向其客户提供商业信用而提出的基本要求，通常以预期的坏账损失率作为判别标准。如果企业的信用标准过严，只对信誉很好、坏账损失率很低的客户给予赊销，则会减少应收账款的机会成本和坏账损失，但这可能不利于扩大销售量，甚至会引起销售量减少。反之，如果信用标准过宽，虽然会增加销售，但会相应增加应收账款的机会成本和坏账损失。企业应根据具体情况，进行合理权衡。只有信用标准变化带来的收益大于其成本时，才能采纳。

(2) 信用条件。信用条件指企业接受客户信用定单时所提出的付款要求，主要包括信用期限、折扣期限及现金折扣率等。信用条件的基本表现方式如“2/10，n/45”，意思是：若客户在发票开出后10日内付款，可享受2%的价格优惠；若放弃价格优惠，则全部款项必须在45日内付清。在此，45天为信用期限，10天为折扣期限，2%为现金折扣率。

(3) 收账方针。收账方针亦称收账政策，是指当客户违反信用条件，拖欠甚至拒付账款时企业所采取的收账策略与措施。

7. 答：信用政策建立起来后，企业应按此政策做好应收账款的日常管理工作，主要有以下方面：

(1) 企业信用的调查。信用调查指收集和整理反映顾客信用状况的有关资料的一项工作，包括直接调查和间接调查两种。

(2) 企业信用的评估。信用评估是根据信用调查得到的有关资料，运用特定方法，对客户信用状况进行分析和评价的方法，最常用的是“5C评估法”和信用评分法。

(3) 应收账款的账龄分析。应收账款账龄分析就是考察研究应收账款的账龄结构。账龄结构指各账龄应收账款的余额占应收账款总计余额的比重。

一般来讲，逾期拖欠时间越长，账款催收的难度越大，成为坏账的可能性也就越高。因此，对不同拖欠时间的账款及不同信用品质的客户，应采取不同的收账方法，制定出经济可行的不同收账政策、收账方案。

(4) 确定合理的收账程序。催收账款的程序一般是：信函通知、电话催收、派员面谈、法律行动。对于过期较短的客户，不要过多地催收，以免将来失去这一市场；对于过期稍长的顾客，可以措辞婉转地写信催收；对于过期较长的顾客，频繁地信件催收并电话催收；对于过期很长的顾客，可以在催款时措辞严厉，必要时提请有关部门仲裁或提请诉讼等方式强制催收。

（5）确定合理的讨债方法。客户拖欠货款的原因较多，概括起来有两类：无力偿付和故意拖欠。

（6）预计坏账损失，计提坏账准备。尽管企业制定了合理的信用政策，采取了完备的催收方法，仍会有一部分应收账款收不回来，形成坏账损失，给企业带来风险。

8. 答：存货的功能指存货在生产经营过程中的作用，主要有：

（1）保证正常生产。储存必要数量的原材料、在产品和半成品，能防止停工待料，保证生产的正常进行。

（2）适应市场变化。企业有了足够的库存商品，能够抓住畅销机会，满足市场需求。在通货膨胀时，适当地储存原材料，能使企业获得因市场物价上涨而带来的好处。

（3）降低进货成本。企业保持一定量的存货，可以按照经济进货批量进货，降低进货成本。

（4）维持均衡生产。企业特别是季节性生产企业，因为各种原因导致生产水平的高低变化，忙时超负荷运转，闲时生产能力得不到充分利用，导致生产成本的提高，拥有合理的存货可以缓冲这种变化对企业生产活动及获利能力的影响。

9. 答：存货成本主要有以下几项：

（1）取得成本。指某种存货的进价成本和进货费用。进价成本等于采购单价乘以采购数量再减去数量折扣，其数额与订货次数无关。进货费用包括变动性进货费用和固定性进货费用，前者与进货次数成正比例变动，如差旅费、邮资、电话电报费等；后者与订货次数无关，如专设采购机构的基本开支等。

（2）储存成本。包括变动性储存成本和固定性储存成本。

前者与存货储存数额成正比例变动，如存货资金的应计利息、存货残损和变质损失、存货的保险费用等；后者与存货储存数额无关，如仓库折旧费、仓库职工的固定月工资等。

（3）缺货成本。指企业由于存货供应中断而造成的损失，包括材料供应中断造成的停工损失、产成品库存缺货造成的拖欠发货损失和丧失销售机会的损失等。如果生产企业能够以替代材料解决库存材料供应中断之急的话，缺货成本便表现为替代材料紧急采购的额外开支。

10. 答：经济进货批量基本模型的建立以如下假设为主要前提：

（1）企业一定时期的进货总量可以较为准确地预测。

（2）存货的耗用或销售比较均衡。

（3）存货价格稳定且不存在数量折扣。

（4）不允许出现缺货情形。

11. 答：存货的归口分级管理是存货日常管理的一种主要方法。这一管理方法包括以下三项内容：

（1）在厂长经理的领导下，财务部门对存货资金实行统一管理。企业必须加强对存货资金的集中、统一管理，促进供、产、销互相平衡，加速资金周转。财务部门的统一管理主要包括如下几方面工作：①根据国家财务制度和企业具体情况制定存货资金管理的各种制度。②认真测算各种存货的资金占用额，汇总编制存货资金计划。③把有关计划指标进行分解，落实到各有关单位和个人。④对所属各单位的存货资金运用情况进行检查和分析，统一考核存货资金的使用情况。

（2）实行存货资金归口管理。根据使用资金和管理资金相结合、物资管理和资金管理相结合的原则，确定每项资金的管理部门。各项资金归口管理的分工一般如下：①原材料、燃料、包装物等项资金归供应部门管理。②在产品和自制半成品资金归生产部门管理。③产成品资金归销售部门管理。④工具用具占用的资金归工具部门管理。⑤修理用备件占用的资金归设备动力部门管理。

(3) 实行存货资金的分级管理。各归口的管理部门要根据具体情况将资金计划指标进行分解，分配到所属单位和个人，层层落实，实行分级管理。具体分解过程可按如下方式进行：①原材料资金计划指标可分配给供应计划、材料采购、仓库保管、整理准备各业务组管理。②在产品资金计划指标可分配给各车间、半成品库管理。③产品资金计划指标可分配给销售、仓库保管、成品发运各业务组管理。

12. 答：分类的标准主要有两个：一是金额标准；二是品种数量标准。其中金额标准是最基本的，品种数量标准仅作为参考。

A 类存货的特点是金额巨大，但品种数量较少；B 类存货金额一般，品种数量相对较多；C 类存货品种数量繁多，但价值金额却很小。一般而言，三类存货的金额比重大致为 A∶B∶C = 0.7∶0.2∶0.1，而品种数量比重大致为 A∶B∶C = 0.1∶0.2∶0.7。可见，由于 A 类存货占用着企业绝大多数的资金，只要能够控制好 A 类存货，基本上也就不会出现较大的问题。同时，由于 A 类存货品种数量较少，企业完全有能力按照每一个品种进行管理。B 类存货金额相对较小，企业不必像对待 A 类存货那样花费太多的精力。同时，由于 B 类存货的品种数量远远多于 A 类存货，企业通常没有能力对每一具体品种进行控制，因此可以通过划分类别的方式进行管理。C 类存货尽管品种数量繁多，但其所占金额却很小，对此，企业只要把握一个总金额也就完全可以。

13. 答：固定资产指使用年限超过一年，单位价值在规定标准以上，并在使用过程中保持原有物质形态的资产，包括厂房、建筑物、机器设备、运输设备、工具器具等。

固定资产是企业资产的重要组成部分，所占比重较大，一般具有以下特点：

（1）使用期限和投资回收期限较长。固定资产使用期限超过一年，可以在许多个生产经营周期发挥作用，直到报废清理，其实物形态基本保持不变。相应地，通过折旧收回投资的期限也比较长。

（2）投资风险高，收益能力强。固定资产不仅表现为实物形态的长期基本不变，还表现为技术形态的相对稳定，进而使其用途也较为固定，即用其所生产的产品具有相对稳定性。由于固定资产投资回收期限较长，人们对产品的需求不断变化，必然影响销售和收益，就使得固定资产投资具有较高的风险。此外，当固定资产所生产的产品不适合社会需求时，若处理和变卖固定资产，其价值也因固定资产的用途不适合或降低而十分低廉，导致折余价值不能得到补偿的风险也较高。

固定资产投资风险较高，相应地其收益能力也较强。主要在于固定资产是企业生产经营的主要物质技术基础，固定资产投资通常具有战略性和创新性，会给企业带来长期收益和高额利润。

（3）价值的补偿和实物更新分开进行。固定资产的价值随着固定资产的损耗以计提折旧的形式逐渐转移到产品中去，并随着产品的销售逐渐得以补偿。而固定资产的实物形态则经过多次生产过程，直到固定资产不能或不宜继续使用时，才用平时积累起来的折旧资金进行实物更新。与此相联系，固定资产投资的方式是集中投资、分期收回，再用收回的资金进行固定资产的更新。

（4）固定资产的实物运用能力具有弹性。固定资产投资一经完成，固定资产实物运用的最大能力也就被确定，在相关业务量范围内，增加或减少固定资产运营能力，并不需要相应增加或减少固定资产投资。为此，要求企业加强固定资产实物的管理，确保固定资产实物的安全完整，争取固定资产全部投入使用，充分挖掘固定资产的使用潜力。

（5）固定资产的变现能力较差。固定资产主要是房屋、建筑物和各种设备，这些资产不易改变用途，出售困难，因而变现能力较差。

14. 答：固定资产需要量预测是一项较为复杂的工作，预测时应做到以下几点：

（1）进行固定资产的清查，核实现有生产设备的生产能力。固定资产需要量预测是进行固定资产投资的前提，清查固定资产、摸清家底又是正确预测需要量的保证。企业现有的固定资产有多少？每台设备、机器的生产能力有多大？是否完好？这些都必须搞清楚。

（2）以生产经营任务为根据，充分考虑市场需求的新变化。预测固定资产需要量，要以企业的生产经营任务为依据，同时，要认真做好市场调查，在科学预测的基础上，结合市场需求的变化确定今后企业生产发展的基本方向。预测时要因厂制宜，并注意留有余地。

（3）要同挖潜、革新、改造和采用新技术相结合。预测固定资产需要量，既要保证生产经营的需要，又要尽可能减少资金占用，把企业的设备潜力挖掘出来。要查明现有设备的薄弱环节，采取技术革新和组织措施，改造老设备，合理使用关键设备。要考虑采用新技术的可能性，尽可能地采用科学技术最新成果，不断提高企业生产技术的现代化水平。

15. 答：查定法指在查定固定资产需要实物量的基础上，进一步测算固定资产需要价值量的方法。具体可按以下三个步骤进行：

（1）确定单台设备的年生产能力

$$\text{单台设备全年有效台时数} = \text{全年有效工作日数} \times \text{平均每月工作时数}$$

全年有效工作日数按全年日历天数减去法定节假日，再减去设备检修停机的日数。

（2）确定生产计划所需台时数

$$\text{生产计划所需台时总数} = \sum \left(\text{计划产量} \times \text{单台产品定额台时} \times \text{定额改进系数} \right)$$

其中：定额改进系数 = 预计新定额 ÷ 现行定额 ×100%

（3）设备生产能力与生产计划综合平衡

$$\text{某类设备需要量} = \frac{\text{生产计划所需台时总数}}{\text{单台设备全年有效台时数}}$$

16. 答：提高固定资产使用效率，必须做好固定资产的日常管理工作，保证固定资产的安全完整，使固定资产处于正常的运行状态。具体包括以下几个方面：

（1）实行归口分级管理。企业固定资产种类复杂，数量较大，固定资产的使用涉及到企业各部门、各单位的广大职工，为此，应建立各职能部门、各级单位在固定资产管理方面的责任制，实行固定资产的归口分级管理。

固定资产的归口分级管理，指在企业财务部门的统一协调下，按固定资产的类别，由厂部各职能部门负责归口管理，按各类固定资产的使用地点，由各级使用单位负责具体管理，进一步落实到班组和个人，并同岗位责任制相结合的固定资产管理制度。包括两个方面内容：固定资产归口管理、固定资产分级管理。

（2）做好各项基础工作。建立健全固定资产卡片制度。固定资产卡片实际上是以每一独立的固定资产项目为对象开设的明细账。企业在收入固定资产时设立卡片，登记固定资产的名称、类别、编号、预计使用年限、原始价值、建造单位等原始资料。建立健全固定资产实物变动的手续制度。固定资产的实物变动必须办理严格的审批、交接、验收等手续，实行审批与经办分离，实物管理与账务管理分离，符合内部财务监督制度的要求。定期清查盘点固定资产。企业应定期对固定资产进行清查盘点，明确固定资产清查的范围、期限和组织程序。至少每年盘点一次，并应形成制度。对于盘点情况以及盘点中发现的问题，应由负责保管和使用的部门查明具体原因，并写出书面报告，经企业主管人员或有关部门批准后及时进行处理。

（3）财务部门对固定资产的日常管理。财务部门负责组织和推动整个企业固定资产的管理工作，对固定资产的安全运行、维护保管和有效利用进行全面监督，对固定资产的价值管理负总责。

第六章　成本费用管理

一、名词解释

1. 成本费用管理——就是对企业生产经营过程中生产经营费用的发生和产品成本的形成所进行的预测、计划、控制、分析与考核等一系列管理工作，是财务管理的重要组成部分。

2. 成本费用预测——指根据成本费用特性，结合成本费用的历史资料和企业现实的各种情况，运用科学的方法，对企业未来一定时期成本费用水平和变动情况进行的预计、测算。成本费用预测可以为企业生产经营决策、编制成本费用计划提供数据和信息，是企业成本费用管理的重要组成部分。

3. 目标成本——指事先确定的在一定时期内要努力实现的成本。目标成本是企业考虑到影响成本费用的各项因素，经过调查、分析而测算出的成本目标。

4. 产量成本预测法——是根据成本与产量之间的依存关系，利用企业成本历史资料来预测产品成本的方法。

5. 高低点法——是将历史资料中最高产量、最低产量时期的总成本之差 Δy，与高低点产量之差 Δx 进行对比，推算出单位产品的变动成本 b 值，然后再根据总成本和单位变动成本来确定固定成本 a 值，从而进行成本预测的方法。

6. 散布图法——是根据若干期历史资料，绘制出各期产量与成本点的散布图，再根据各点位置，画出最接近各点的成本直线，直线的截距就是固定成本 a，据此计算出单位变动成本 b，然后即可预测计划期总成本。

7. 因素分析预测法——是根据计划期影响成本费用的各种因素的变动来预测成本费用的变动数额和变动程度的预测方法。该方法一般适用于可比产品的成本预测。

8. 销售收入成本费用率预测法——是根据预计销售收入和成本费用占销售收入的比率来预测产品销售成本、销售费用、财务费用和管理费用的方法。

9. 成本费用计划——是企业生产经营计划的一个重要组成部分，是根据成本费用预测的结果编制的，以货币形式对企业计划期内产品的成本费用和成本费用降低幅度进行的预算，是企业进行成本费用日常控制和成本分析考核的依据。

10. 主要产品单位成本计划——该计划按照成本项目，分产品反映企业主要产品的单位成本，每一种产品编制一张计划表。它是编制商品产品成本计划的基础，并为降低产品的单位成本、制定产品价格提供参考资料。

11. 成本费用控制——指在企业生产经营过程中，按照规定的成本费用目标，对构成产品成本和期间费用的一切耗费进行严格的计算、调节和监督，及时揭示差异，并采取有效措施纠正不利差异，发展有利差异，使成本费用被限制在预定的计划范围之内的一种管理方法。

12. 成本费用控制标准——是对各项费用开支和资源消耗规定的数量界限，是进行成本费用控制和考核的依据，包括产品成本控制标准和期间费用控制标准。产品成本控制标准由直接材料、直接人工和制造费用三部分组成，并通过直接材料、直接人工和制造费用的数量标准乘以价格标准确定。

13. 标准成本——指在已经达到的生产技术水平和有效经营管理条件下，按照成本项目制定的单位产品目标成本。

14. 期间费用——指按会计期间归集，直接计入当期损益的费用，包括管理费用、财务费用和营业费用。

15. 预算控制——指企业根据以往经验和各种因素分析，对某一时期可能发生的期间费用，事先进行预算，然后按照预算控制各项支出的一种管理方法。

二、填空题

1. 预测、计划、控制、分析、考核

2. 目标成本预测法、产量成本预测法、因素分析预测法、销售收入成本费用预测法

3. 固定成本、变动成本

4. 因素分析预测法

5. 劳动生产率、平均工资

6. 材料消耗定额、材料价格

7. 固定费用、变动费用

8. 销售成本、销售费用、财务费用、管理费用

9. 主要产品单位成本计划、按产品计算的商品产品成本计划、制造费用计划、期间费用预算

10. 制订成本费用控制标准、执行标准、确定差异、消除差异、考核奖惩

11. 直接材料价格标准、用量标准

12. 控制材料消耗量、材料价格（采购成本）

13. 直接工资的用量标准、价格标准

14. “价差”、“量差”

15. 数量标准、价格标准

16. 管理费用、财务费用、营业费用

三、单项选择题

1. D	2. B	3. C	4. C	5. A
6. D	7. B	8. A	9. B	10. D

11．A　12．C　13．C　14．B　15．A

16．A　17．C　18．C　19．A　20．D

四、判断题

1．×　2．√　3．×　4．×　5．√

6．√　7．×　8．×　9．×　10．√

11．×　12．√　13．×　14．×

五、计算与分析题

1．解：预测目标成本 $=100-100\times5\%-\frac{100\ 000}{2\ 500}=55$（元）

2．解：从表中资料可知，最高点为2005年，最低点为2001年，则

$$b=\frac{\triangle y}{\triangle x}=\frac{110\ 000-90\ 000}{500-400}=200\text{（元）}$$

将b值代入低点方程式中：

$90\ 000=a+200\times400$

则 $a=10\ 000$（元）

因此，2006年预测总成本为：

$y'=10\ 000+200\times600=130\ 000$（元）

3．解：（1）测算直接材料费用变动对产品成本的影响：

成本降低率 $=[1-(1-10\%)\times(1+4\%)]\times65\%$

$=4.16\%$

（2）测算直接工资费用变动对产品成本的影响：

成本降低率 $=\left(1-\frac{1+5.8\%}{1+15\%}\right)\times15\%=1.2\%$

（3）测算制造费用变动对产品成本的影响：

成本降低率 $=\left(1-\dfrac{1+14\%}{1+20\%}\right)\times 18\% = 0.9\%$

(4) 测算废品损失变动对产品成本的影响:

成本降低率 $=50\% \times 2\% = 1\%$

(5) 按2005年实际平均单位成本和2006年计划产量计算的产品总成本为:

$50 \times 10\,000 \times (1+20\%) = 600\,000$ (元)

(6) 2006年甲产品成本降低率和降低额为:

成本降低率 $=4.16\% + 1.2\% + 0.9\% + 1\% = 7.26\%$

成本降低额 $=600\,000 \times 7.26\% = 43\,560$ (元)

(7) 2006年甲产品计划总成本为:

$600\,000 - 43\,560 = 556\,440$ (元)

4. 解:产品出售时价外费用可用于计算增值税销项税额,不影响目标成本。因此,

$$产品目标成本 = 99 - \frac{120\,000}{4\,000} - \frac{36\,000}{4\,000}$$

$$= 99 - 30 - 9$$

$$= 60 \text{(元)}$$

5. 解:材料消耗定额降低影响的成本降低率为:

$30\% \times 10\% = 3\%$

材料价格上升影响的成本降低率为:

$30\% \times (1 - 10\%) \times (-5\%)$

$= -4.5\% \times 30\%$

$= -1.35\%$

所以,材料消耗定额和价格同时降低影响的成本降低率为:

$3\% - 1.35\% = 1.65\%$

也可以计算如下:

材料消耗定额和价格同时降低影响的成本降低率为：

$30\% \times [1-(1-10\%)\times(1+5\%)]$

$=30\% \times 5.5\%$

$=1.65\%$

6. 解：第一步：计算劳动生产率的提高

$$\frac{\frac{1\ 200}{12}-\frac{1\ 000}{10}}{\frac{1\ 000}{10}}\times 100\% = 0$$

其中：2006 年产量为：1 000 ×（1 +20%） =1 200（件）

第二步：计算平均工资增长的百分比

$$\frac{\frac{10\ 800}{1\ 200}-\frac{10\ 000}{1\ 000}}{\frac{10\ 000}{1\ 000}}\times 100\% = -10\%$$

计算劳动生产率和平均工资相互作用影响的成本降低率为：

$$40\% \times \left(1-\frac{1-10\%}{1+0}\right)=4\%$$

也可以简单计算如下：

$$40\% \times \frac{\frac{10\ 000}{1\ 000}-\frac{10\ 800}{1\ 200}}{\frac{10\ 000}{1\ 000}} = 40\% \times 101\% = 4\%$$

7. 解：制造费用对成本的影响：

（1）成本降低率 $=\left(1-\frac{1+8\%}{1+25\%}\right)\times 20\% = 2.72\%$

（2）设制造费用降低百分比数为 X_1，则：

$$\left[1-\frac{1+(-X_1)}{1+0}\right]\times 20\% = 3\%$$

$X_1 = 15\%$

(3) 设制造费用降低百分比数为 X_2，则：

$$\left[1-\frac{1+(-X_2)}{1+25\%}\right]\times 20\% = 3\%$$

$X_2 = -6.25\%$（即可以上升6.25%）

8. 解：材料费用对成本的影响：

$$\text{材料成本降低率} = [1-(1-10\%)\times(1+5\%)]\times 40\%\times 60\%$$

$$= 5.5\%\times 40\%\times 60\%$$

$$= 1.32\%$$

$$\text{材料成本降低额} = 2\,000\times 100\times(1+20\%)\times 1.32\%$$

$$= 3\,168\ (\text{元})$$

六、简答题

1. 答：成本费用管理就是对企业生产经营过程中生产经营费用的发生和产品成本的形成所进行的预测、计划、控制、分析与考核等一系列管理工作，是财务管理的重要组成部分。它具有如下重要的意义：

(1) 加强成本费用管理、降低生产经营耗费，是扩大生产经营的重要条件。成本费用的降低，意味着物化劳动和活劳动的消耗节约，企业就可以用较少的物力和人力生产出同样多的产品，或者用同样多的物力和人力生产出更多的产品。与此同时，随着生产耗费和产品成本的降低，企业可以减少流动资金占用，将节省下来的物质资源、劳动资源和财力资源，用于企业的扩大再生产。

(2) 加强成本费用管理，有利于促使企业改善生产经营管理、提高经济效益。成本费用水平在很大程度上反映着企业生产经营活动的经济成果。企业产量的多少，质量的好坏，劳动生产率的高低，材料物资消耗的多少，生产设备利用是否有效，资金占用是否浪费等，都能够在成本中反映出来。通过企业及企业内部各单位成本费用计划执行情况的考核评比，检查分析成本升降的原因，可以揭示企业各项生产经营活动各个环节中存在的问题，以推动企业更加节约，更有效地组织生产，全面改善经营管理，提高经济效益。

（3）加强成本费用管理，可以增加企业的竞争能力。在市场经济条件下，企业的生存发展取决于其竞争能力的强弱。为了提高企业的竞争能力，企业必须提高产品质量、降低产品价格。成本费用是产品价格的基本组成部分，降低产品价格，必须以降低成本费用为前提。

2. 答：根据成本费用的性质和企业经营管理的要求，成本费用的管理应符合以下几项基本要求：

（1）正确区分各种支出的性质，严格遵守成本费用的开支范围。企业的经济活动是多方面的，所发生的费用支出也是多方面的。这些费用支出的用途不同，性质也不一样，应当明确界限，分别加以管理。具体来说应划清如下界限：收益性支出和资本性支出的界限。生产经营性支出与营业外支出的界限。生产经营性支出与收益分配性支出的界限。遵守成本费用开支范围，就是在划清各项费用支出界限的基础上，做到：一切属于成本费用开支范围的支出均应计入，不能少计、漏计，即不能虚减成本费用；一切不属于成本费用开支范围的支出均不应计入，不得多计、重记，即不能虚增成本费用。

（2）正确处理好降低成本、费用同增加产量、提高质量之间的关系，实现高产、优质、低成本的最佳结合，全面提高经济效益。增加产量同降低成本、费用有密切关系。增加产量可以使单位成本中的固定费用相应减少，而降低成本费用又可以将节约的生产资料和劳动力用于扩大生产。但是，在增产节约的同时，必须重视产品的质量，质量是产品的生命，在激烈的市场竞争中，企业必须以质量求生存、求发展。如果片面地强调降低成本费用，而忽视了质量的提高，势必会给企业带来不利影响。因此，必须处理好成本、产量和质量之间的关系，全面提高企业的经济效益。

（3）建立成本费用责任制，加强成本费用的日常控制。成本费用涉及到企业经营管理的方方面面，具有很强的综合性。在企业生产经营活动的各个环节、各个方面都会发生成本费用。因此，对成本费用必须实行全面管理，建立责任制，严格进行日常控制，从产品设计、工艺制作、材料供应、产品生产到产品销售、货款回收都要进行成本费用的计算与管理，实行责任制，权责分明。这样，才能挖掘潜力，降低成本费用，提高经济效益。

（4）加强成本费用管理，必须从建立健全成本费用管理的基础工作做起，具体来说，主要包括以下几方面。实行成本费用定额管理。成本费用定额指企业正常生产经营条件下所规定的人力、物力和财力的配备、利用和消耗的标准。定额是进行成本费用计划和控制的基础。企业应该根据自身的生产技术水平、管理状况，制定出合理的成本费用定额，为成本费用管理打下良好的基础；严格物资的计量、收发、领退制度。物资的计量、收发、领退是成本费用核算与管理的基础，也是杜绝浪费现象、防止舞弊行为、明确责任的重要手段；健全各项原始记录。企业在生产经营过程中，必须健全考勤记录、产量记录、工时记录等各项原始记录。这些记录是核算成本费用和进行经济活动分析的重要依据，对加强成本费用管理，改善经济管理活动具有重要作用。

3. 答：目标成本指事先确定的在一定时期内要努力实现的

成本。目标成本是企业考虑到影响成本费用的各项因素，经过调查、分析而测算出的成本目标。目标成本的确定，一般采用以下几种方法。

（1）选择同行业、同类产品的先进成本作为目标成本。这种方法要调查研究同行业的先进成本水平，并以此作为努力实现的目标。但是采用这种方法时，要注意可行性。如果条件不可比或情况有变化，就不能生搬硬套，而应该作出必要的调整，以保证所确定的目标成本切合实际，具有可行性。

（2）根据本企业过去已有的先进成本水平和实现企业经营目标所要求的成本降低任务测算目标成本。这种方法只能适用于可比产品。在测算时应考虑企业的现实条件，以保证所确定的目标成本具有可行性。通常用下列公式进行测算：

$$\text{单位产品目标成本} = \text{历史先进单位成本} \times \left(1 - \text{计划期预测成本降低\%}\right)$$

（3）根据产品价格、成本和利润三者之间相互制约的关系来确定产品的目标成本。这种方法是在价格、利润既定的情况下，倒算出产品的成本，并以此作为目标成本。其计算公式为：

$$\text{预测目标成本} = \text{预测单位产品售价} - \text{单位产品销售税金} - \text{预测单位产品目标利润}$$

4. 答：目标成本是企业所要努力实现的成本费用的整体目标。这一目标的实现需要通过企业各级各部门和全体职工的共同努力。为了实行成本费用责任制，应将目标成本分解为许多具体的小目标，落实到各级各部门直至个人，成为控制成本费用的具体指标，这就是目标成本的分解。目标成本的分解，应结合企业的生产特点及成本费用的经济内容来进行，一般可采用以下几种方法。

（1）按产品的结构分解。这种方法是根据产品的组成结构，将目标成本分解成各种零件、部件成本和装配成本，分别落实到各个部门和个人。一般适用于机器制造行业。

(2) 按产品的形成过程分解。在产品的生产是由若干连续的加工工序组成的行业中，可以按照产品形成过程，将目标成本分解为若干具体指标。如冶金业、纺织业均可采用这种方法。

(3) 按产品成本的经济内容分解。按照产品成本的经济内容，产品成本可以分为原材料费用、燃料和动力费用、工资费用和制造费用等。这些费用还可以进一步分解，如原材料、燃料和动力费用可以分解为消耗量和采购成本；工资费用可以分为工时定额和小时工资率。

5. 答：成本费用计划是企业生产经营计划的一个重要组成部分，是根据成本费用预测的结果编制的，以货币形式对企业计划期内产品的成本费用和成本费用降低幅度进行的预算，是企业进行成本费用日常控制和成本分析考核的依据。

企业的成本费用计划，在不同行业、不同企业具有不同内容。一般说来，主要包括以下几个部分。

(1) 主要产品单位成本计划。该计划按照成本项目，分产品反映企业主要产品的单位成本，每一种产品编制一张计划表。它是编制商品产品成本计划的基础，并为降低产品的单位成本、制定产品价格提供参考资料。

(2) 按产品计算的商品产品成本计划。这是企业成本费用计划的主要部分，该计划分别反映各种产品的计划单位成本和总成本，各种可比产品的计划成本降低额和降低率；汇总反映全部商品产品的计划总成本。通过该成本计划，可以反映整个企业的成本水平。

(3) 制造费用计划。该计划反映计划期各项制造费用的计划数额以及上期实际数额。通过该计划可以分项了解企业制造费用水平及其支出情况，以便采取措施控制费用支出，降低消耗。

（4）期间费用预算。指对不计入产品成本，而直接计入当期损益的管理费用、财务费用和销售费用进行的预算。对这些费用单独预算，便于按照会计期间进行控制。

6. 答：企业编制成本费用计划，要遵循以下几项要求：

（1）要以先进合理的技术经济定额为基础。要编制既先进又切实可行的成本费用计划，必须先制定出先进、合理的定额，包括物资消耗定额、劳动定额、设备利用定额、费用开支定额等。

（2）成本费用计划要与企业其他各项计划指标紧密衔接，口径一致。成本费用计划是企业生产经营计划的重要组成部分，它要以生产计划、物资采购计划、劳动工资计划等为依据，并对这些计划提出改进要求，以促使各项计划指标更加合理。

（3）编制成本费用计划要留有余地，有弹性，有应变性。在编制计划时，不能过死，应该具有弹性，留有调整的余地，以保证计划的可行性。具有合理的弹性，才能使计划有较强的应变性，能适应计划期各种因素的变动。

7. 答：成本费用控制指在企业生产经营过程中，按照规定的成本费用目标，对构成产品成本和期间费用的一切耗费进行严格的计算、调节和监督，及时揭示差异，并采取有效措施纠正不利差异，发展有利差异，使成本费用被限制在预定的计划范围之内的一种管理方法。它是现代成本管理的重要环节，是保证企业成本计划顺利实现的重要手段。具体程序包括以下步骤：

（1）制订成本费用控制标准。成本费用控制标准是对各项费用开支和资源消耗规定的数量界限，是进行成本费用控制和考核的依据，包括产品成本控制标准和期间费用控制标准。产品成本控制标准由直接材料、直接人工和制造费用三部分组成，并通过直接材料、直接人工和制造费用的数量标准乘以价格标准确定。其中数量标准由生产技术部门确定，价格标准由财会部门与采购部门确定。期间费用控制标准为按会计期间制定的绝对数额控制标准。

（2）执行标准。这是对成本费用的形成过程进行具体的监督。要根据成本费用控制标准，审核各项费用开支和各种资源的消耗，实施增产节约措施，以保证成本费用计划的实现。

（3）确定差异。在执行成本费用标准过程中，要及时核算实际成本费用脱离控制标准的差异，分析差异的程度和性质，确定造成差异的原因和责任归属。

（4）消除差异。组织群众挖掘潜力，提出降低成本的新措施或修订成本费用标准的建议。

（5）考核奖惩。考核成本费用指标执行结果，把成本指标的考核纳入经济责任制，使责权利相结合。对于成本费用指标完成好的，给予奖惩；完成不好的，要分清责任，给予适当惩罚。

8. 答：财务费用控制主要应注意以下几个方面：（1）财务费用的控制，既要重视其绝对数额，更要重视财务费用占所筹资金数额的比例；（2）财务费用合理与否主要取决于资金成本，因此，分析财务费用要同资金成本研究相结合。

第七章 收 益 管 理

一、名词解释

1. 营业收入——指企业在销售商品，提供劳务及让渡财产使用权等日常活动中所形成的经济利益的总流入，包括主营业务收入和其他业务收入。营业收入是企业的一项重要指标，是形成利润的基础，在市场经济条件下，企业的生存保障与发展目标完全维系于营业收入。

2. 成本加成定价法——也称成本定价法，是在产品成本的基础上加上其他项目计算出的价格。其基本公式如下：

$$\text{商品售价}=\left(\text{单位变动成本}+\text{单位产品分摊的固定成本}\right)+\text{单位产品应负担的销售税金、期间费用}+\text{单位产品目标利润}$$

3. 保本定价法——指在预测企业产品销售量的基础上，以保本、减亏为原则制定价格的一种方法。计算公式如下：

$$\text{单位售价}=\frac{\text{固定成本总额}}{\text{预计销售量}}+\text{单位产品变动成本}$$

4. 竞争定价法——就是以市场上与本企业竞争的同类商品的价格为定价依据，根据竞争的变化及时调整商品价格的方法。

5. 协商定价法——即企业与客户协商确定商品价格的方法。这种方法一般适用于企业与一固定的中间承包商直接协商，确定一个双方都能接受的价格。

6. 营业收入预测——就是在充分调查研究的基础上，对市场未来需求及其变化进行判断和推测，对未来一定时期的业务数量和相应的业务收入作出预计。

7. 判断预测法——这种预测方法主要是组织企业管理人员、有推销经验的工作人员或者有关专家对市场未来变化进行预测分析，以判断未来的销售趋势。

8. 调查分析法——是通过对市场消费取向的调查，来预测本企业商品销售趋势的方法。

9. 趋势预测分析法——是根据历史资料，按一定时期预测对象的时间序列的平均数作为某个未来时期预测值的一类预测方法，具体包括简单平均法、移动平均法、加权移动平均法和季节预测法等。

10. 本量利预测法——就是根据企业生产产品的成本、业务量、利润三者之间的关系，进行综合分析，预测商品销售量和销售收入的方法。

11. 分析计算法——就是在上年销售额的基础上，分析计划期有关变动因素，计算确定营业收入的方法。对于销售额比较小、销售量比较稳定的老产品或其他业务收入，可采用此法。

12. 利润——是企业在一定时期内生产经营活动的最终成果，是企业生产经营活动的效率和效益的最终体现。它有两个反映指标：利润总额和净利润。

13. 比率计算法——就是根据历史上企业利润与有关财务指标的变动趋势，来预测计划期利润的方法。常用的比率有销售利润率、成本利润率等。

14. 销售利润率——是利润与销售净收入的比值。利用这种比率预测利润的前提是：销售收入的预测已完成且较准确；销售利润率指标比较稳定，且能反映企业未来的经营趋势。

15. 利润增长比率法——它是在上年实际利润的基础上，根据以往利润增长率的变动趋势与幅度，并考虑到预期可能发生的变动情况，确定预计利润增长率，从而求得目标利润的方法。

16. 剩余政策——指在企业面临良好的投资机会时，根据一定的目标资本结构（最佳资本结构），测算出投资所需增加的投资者权益，先从利润中留出，然后将剩余的利润分配给投资者。

17. 固定股利政策——是公司将每年派发的股利额固定在某一特定水平上，然后在一段时间内不论公司的盈利情况和财务状况如何，派发的股利额均保持不变。

二、填空题

1. 声誉定价策略、美观定价策略、尾数定价策略

2. 成本加成定价法、保本定价法、竞争定价法、协商定价法

3. 判断预测法、调查分析法

4. 趋势预测分析法、本量利预测法

5. 简单平均法、移动平均法、加权移动平均法、季节预测法

6. 直接计算法、分析计算法

7. 利润管理的要求、增加利润的途径、利润的预测、利润计划

8. 增加收入、降低成本、减少各种费用支出

9. 本量利分析法、比率计算法、利润增长率法

10. 销售利润率、成本利润率

11. 营业利润计划、投资净收益计划、营业外收支净额计划

12. 依法分配原则、兼顾各方利益原则、分配与积累并重原则、投资与获利对等原则

13. 弥补以前年度亏损、提取法定盈余公积金、提取法定公

益金、提取任意盈余公积金、向投资者分配利润或股利

14. 控制权考虑、避税考虑、稳定收入考虑、规避风险考虑

15. 剩余政策、固定股利政策、固定股利比例政策、低正常股利加额外股利政策

三、单项选择题

1. C　2. D　3. A　4. B　5. A
6. C　7. D　8. B　9. A　10. B
11. D　12. C　13. B　14. D

四、多项选择题

1. ABC　2. ABCD　3. ABCD　4. ABCD
5. CD　6. ABE　7. ABC　8. ABC

五、判断题

1. ×　2. √　3. ×　4. ×　5. √
6. √　7. √　8. ×　9. √　10. ×
11. √　12. √　13. ×　14. √　15. √
16. ×　17. √　18. ×　19. ×　20. ×
21. ×　22. √　23. √　24. ×　25. √
26. √　27. ×

六、计算与分析题

1. 解：(1) 保本销售量 $=\frac{10\ 000}{50-30}=500$（件）

保本销售额 $=500\times50=25\ 000$（元）

(2) 目标销售量 $=\frac{10\ 000+30\ 000}{50-30}=2\ 000$（件）

2. 解：（1）预测利润额 =800×（100-80）-10 000
=6 000（元）

（2）目标利润 =6 000×（1+10%）=6 600（元）

为实现目标利润，可以分别采取以下单项措施：

第一，增加销售量。目标销售量为：

$$目标销售量=\frac{10\ 000+6\ 600}{100-80}=830（件）$$

第二，提高销售单价。销售单价为：

$$销售单价=\frac{6\ 600+10\ 000+800\times 80}{800}=100.75（元）$$

第三，降低单位变动成本。单位变动成本为：

$$单位变动成本=\frac{800\times 100-10\ 000-6\ 600}{800}=79.25（元）$$

第四，降低固定成本。固定成本为：

固定成本 =800×（100-80）-6 600=9 400（元）

3. 解：原来海宏公司销售甲产品的基期利润为：

基期利润 =800×（100-80）-10 000=6 000（元）

改进工艺后，计划期间销售甲产品的计划利润为：

计划利润 =1 200×（95-74）-12 000=13 200（元）

因此，改进工艺后，利润可增加：

13 200-6 000=7 200（元）

4. 解：$盈亏平衡点销售量=\frac{200\ 000}{100-60}=5\ 000（件）$

计算结果表明，当该商品销售量达到 5 000 件时，才能保证该企业不亏损，正好保本。

5. 解：恒源公司 2006 年的目标利润为：

目标利润 =1 500×8%=120（万元）

6. 解：哈维公司不可比产品目标销售利润计算如下：

丙产品目标销售利润 = 580 000 × 98% × 10% = 56 840（元）

7. 解：田原公司2006年目标利润为：

目标利润 = 50 ×（1 + 6%）= 53（万元）

8. 解：（1）按照目标资本结构的要求，华阳公司投资方案所需增加的投资者权益资本数额为：

700 × 60% = 420（万元）

（2）按照剩余政策的要求，华阳公司2005年可向投资者分配的利润额为：

600 − 420 = 180（万元）

七、简答题

1. 答：根据发达国家先进的定价经验，结合我国市场的具体情况以及消费水平和消费心理状况，可采用以下定价策略。

（1）心理定价策略。即根据客户购买商品的心理状态进行定价。客户的心理表现各异，其表现形式为求誉心理、求美心理、求廉心理。根据这些心理状态，采用相应的定价策略，既可满足他们各自的购买欲望，又可增加企业的收入。

（2）折扣定价策略。指为了鼓励购买者大量地购买商品，或处理积压商品，对商品的原定价打折扣的一种策略。折扣分为数量折扣和价格折扣两种，数量折扣指购买一定数量商品时，就给予一定的折扣优惠，购买越多，优惠越多，如买五送一，买十送三；价格折扣指对商品的原价折扣，如原价10元，打九折，即为9元，以鼓励消费者多购买。

（3）竞争定价策略。指根据竞争对手的实力强弱而采用不同的策略。竞争对手力量强，最好采用相同的价格，并增强销售服务活动，或者与竞争对手订立协议，共同维护产品售价；如果竞争对手力量较弱，可采用低价策略，把竞争对手挤出市场，然后再提价。

(4) 随行就市定价策略。又称弹性定价策略，即根据市场的供求与价格的变动关系，当需求小于供应时，价格则可定得低些，以此刺激消费。这种定价策略适用于需求弹性较大的非生活必需品。

(5) 市场寿命周期定价策略。产品从投入市场到退出市场，经历产品试销期、成长期、成熟期和衰退期四个阶段。产品刚进入市场，消费者对产品的功能还不了解，需要使消费者认识和信任，因此，在价格上一般采用低价（渗透）策略。也可利用好奇求新的心理，采用高价（撇油）策略。当产品进入成长期，产品的性能进一步被消费者了解，一般采用中价促销策略。当产品进入成熟期，产品性能已被消费者熟悉，这时可采用高价促销策略。产品处于衰退期，即将被市场陶汰，可采用低价策略，尽快处理完所生产的商品。

2. 答：心理定价策略。即根据客户购买商品的心理状态进行定价。客户的心理表现各异，其表现形式为求誉心理、求美心理、求廉心理。根据这些心理状态，采用相应的定价策略，既可满足他们各自的购买欲望，又可增加企业的收入。常用的心理定价策略可分为：

(1) 声誉定价策略。这是针对顾客追求名牌高贵商品而采取的定价策略。如果企业的名牌商品声誉很高，赢得了消费者的信任和喜爱，其价格可以高于市场上同种商品而不会影响销售。

(2) 美观定价策略。根据消费者求美的心理，将同等质量、款式新颖的产品，价格定高些，求美消费者仍然爱不释手，高价购买。

(3) 尾数定价策略。针对顾客求廉心理，企业可以将整数价格改为属数价格，例如将 50 元的商品，定价为 49.50，消费者可以认为这个价格是经过计算的，是可以信赖的，或认为尾数价格是整数原价的降低，因而可以增强消费者的购买欲望，企业不仅不会因此减少利润，反而会增强商品的竞争力，扩大销售，从薄利多销中获得更多的利润。

3. 答：目前，我国价格关系已经基本理顺，国家对绝大多数产品的价格不再直接控制，企业对自己生产的商品有充分的自主定价权。企业应认真贯彻执行国家的有关价格政策，按照市场规律，合理地制定出商品出厂价格。商品批发价格和零售价格要以商品出厂价格为基础。定价方法主要有以下几种：

(1) 成本加成定价法。也称成本定价法，是在产品成本的基础上加上其他项目计算出的价格。其基本公式如下：

$$\text{商品售价}=\left(\text{单位变动成本}+\text{单位产品分摊的固定成本}\right)+\text{单位产品应负担的销售税金、期间费用}+\text{单位产品目标利润}$$

(2) 保本定价法。指在预测企业产品销售量的基础上，以保本、减亏为原则制定价格的一种方法。生产能力有剩余但市场销售不理想的企业，为了不让机器设备闲置和安排富余人员而生产一些商品，虽然不能盈利，但有时能达到保本或减少企业亏损的目的。对于市场上很有前途但价格较高的新产品，在开发的初期也可以采用这种定价法，待打开市场后再作价格调整。计算公式如下：

$$\text{单位售价}=\frac{\text{固定成本总额}}{\text{预计销售量}}+\text{单位产品变动成本}$$

这种定价法计算出的价格能提供贡献毛益（单位售价 - 单位变动成本）以补偿固定成本，在特殊情况下是可行的。

(3) 竞争定价法。竞争定价法就是以市场上与本企业竞争的同类商品的价格为定价依据，根据竞争的变化及时调整商品价格的方法。使用这种方法时，要注意把本企业的商品和其他企业的同类商品作内在和外在的质量比较，参考它们的价格，合理地给本企业的产品定价。在我国目前商品相对过剩、市场竞争激烈的情况下，很多企业都采用了这种定价方法。

（4）协商定价法。即企业与客户协商确定商品价格的方法。这种方法一般适用于企业与一固定的中间承包商直接协商，确定一个双方都能接受的价格。当然，这种协商的价格也离不开上述三种基本定价方法。

4. 答：定性预测即根据已有的经验和市场调查得到的信息资料，推测和预计未来的销售收入。定性预测方法主要有以下两种：

（1）判断预测法。这种预测方法主要是组织企业管理人员、有推销经验的工作人员或者有关专家对市场未来变化进行预测分析，以判断未来的销售趋势。具体有意见汇集法、专家调查法等方法。意见汇集法是将本企业熟悉市场情况的业务人员和管理人员的意见进行综合汇总，然后对销售趋势进行分析预测。专家调查法是向有丰富工作经验的推销人员和有关专家征询意见，每个专家独立地对未来的市场情况作出判断，然后将各个专家的意见综合、归纳，再将综合后的意见反馈给每位专家，再次征询意见，如此反复多次，最后作出预测。

运用判断分析法进行预测，所需时间短，费用成本比较低，但是，它是凭人的主观来判断的，准确性难免受影响。

（2）调查分析法。调查分析法是通过对市场消费取向的调查，来预测本企业商品销售趋势的方法。这种方法的主要信息来源于调查，调查的范围应尽可能广泛而具有代表性，一般包括对产品、客户、经济发展趋势和同行业的调查。

5. 答：定量预测即根据历史销售资料和市场调查信息运用一定的数学模型来预测未来的销售收入。常用的定量预测方法有以下几种：

（1）趋势预测分析法。趋势预测分析法，是根据历史资料，按一定时期预测对象的时间序列的平均数作为某个未来时期预测值的一类预测方法，具体包括简单平均法、移动平均法、加权移动平均法和季节预测法等。

（2）本量利预测法。本量利预测法，就是根据企业生产产品的成本、业务量、利润三者之间的关系，进行综合分析，预测商品销售量和销售收入的方法。

6. 答：营业收入计划是在销售预测的基础上，通过进一步的分析研究确定的在计划期主营业务收入和其他业务收入的数额。它是企业财务计划的重要组成部分，又是企业整体经营计划的基础，企业的其他生产经营计划是以营业收入计划为起点编制的。营业收入计划的编制主要有两种方法：

（1）直接计算法。这种方法是根据各种商品的计划销售数量和计划销售价格来直接计算编制营业收入的方法，适用于主营业务收入计划的编制。

（2）分析计算法。分析计算法，就是在上年销售额的基础上，分析计划期有关变动因素，计算确定营业收入的方法。对于销售额比较小、销售量比较稳定的老产品或其他业务收入，可采用此法。

7. 答：利润管理的要求

（1）树立正确的盈利观点，不断提高盈利水平。企业必须遵守国家的政策法令，合法进行生产经营活动，为社会提供合格的产品和劳务，并取得盈利。要把企业利益同国家与用户的利益、短期利益和长远利益结合起来，通过不断地扩大内涵和外延再生产，挖掘增收节支潜力，增加投入，保证生产和效益同步增长。

（2）实行利润目标分解和目标管理责任制，保证目标利润的实现。企业应以目标利润为核心，层层落实目标管理责任制。要把企业的总体目标利润分解到各个科室、车间、班组和个人，做到各部门的目标利润明确，责任分明，把企业的整体经济利益与每个部门和职工的切身利益联系在一起，使人人关心利润，为创造利润献计献策，极大地调动群众的积极性。

（3）严格执行有关财经法规，正确进行利润分配。利润分配是一项政策性很强的工作，要严格遵守国家有关财会法规。企业应正确如实地核算利润总额，不得隐瞒或虚报利润。企业实现的利润要依照有关财会法规合理分配，任何单位或个人无权对企业合法利润分配进行干涉或变相侵占企业的利润。企业有权拒绝各种不合理的摊派，保护自身的合法利益。

8. 答：企业增加利润的主要途径是增加收入、降低成本和减少各种费用支出。为此，应采取以下有效措施：

（1）降低成本费用。降低成本费用是增加利润的根本途径。企业必须加强成本费用管理，广泛开展以增产节约为主要内容的劳动竞赛，通过增加产量和控制成本费用来增加利润。

（2）提高产品质量。在优质优价的情况下，提高产品质量可以在不增加产品成本的前提下增加收入和利润。因此，企业必须加强全面质量管理，在提高产品质量的基础上提高产品产量。

（3）合理利用资金，加速资金周转。企业必须加强各项资金管理，合理筹集和利用资金，提高资金利用率，减少筹资成本和资金占用费，增加企业利润。

与此同时，企业还必须采取有效的营销策略，用优质、低成本、适销对路的产品，开拓和占领市场，扩大销售量。只有这样，利润计划的完成才有保证。

9. 答：营业利润预测

营业利润预测是在营业收入预测的基础上，根据历史的营业利润资料及其他资料，对企业未来一定时期营业利润的实现及其变化趋势所做的科学预计和推测。它是编制利润计划的前提，是企业经营决策和确定目标利润的重要依据。

营业利润由主营业务利润和其他业务利润组成。在工业企业和商业企业，主营业务利润即商品销售利润，是企业利润的主要组成部分。因此，确定营业利润主要是确定商品销售利润的目标。商品销售利润预测的常用方法有本量利分析法、比率计算法、利润增长率法等。

(1) 本量利分析法。本量利分析法是利用成本、业务量、利润之间的关系预测目标利润的方法。目标利润指企业未来一定时期内必须而且经过努力能够达到的利润水平，它是企业经营目标的重要组成部分。

单位产品中的变动成本不变，变动成本总额随产量的增减成正比例变动；固定成本总额在一定产量范围内保持不变，单位产品负担的固定成本则随产量的增减成反比例变动。

(2) 比率计算法。比率计算法就是根据历史上企业利润与有关财务指标的变动趋势，来预测计划期利润的方法。常用的比率有销售利润率、成本利润率等。

(3) 利润增长比率法。它是在上年实际利润的基础上，根据以往利润增长率的变动趋势与幅度，并考虑到预期可能发生的变动情况，确定预计利润增长率，从而求得目标利润的方法。

10. 答：比率计算法就是根据历史上企业利润与有关财务指标的变动趋势，来预测计划期利润的方法。常用的比率有销售利润率、成本利润率等。

（1）销售利润率法。销售利润率是利润与销售净收入的比值。利用这种比率预测利润的前提是：销售收入的预测已完成且较准确；销售利润率指标比较稳定，且能反映企业未来的经营趋势。其计算公式为：

目标利润 = 计划期预计产品销售净收入 × 上年销售利润率

（2）成本利润率法。成本利润率是利润与成本的比值，对于不可比产品的目标销售利润，可以按成本利润率计算，计算公式为：

不可比产品目标销售利润 = 计划年度不可比产品成本总额 × 不可比产品应销比例 × 不可比产品预计成本利润率

比率计算法简便易行，所以在企业预测利润时得到广泛使用。但这种方法只适合于产品销售结构简单、销售价格和成本比较稳定即利润率变动不大的企业使用。

11. 答：企业的利润计划是企业根据有关资料编制的近期利润目标。企业制订出切实可行的利润计划，可以促进企业合理组织生产经营活动，充分发挥职工的积极性，协调各项工作，挖潜革新，增收节支，努力完成利润目标。

12. 答：企业的利润计划由营业利润计划、投资净收益计划、营业外收支净额计划三部分组成。因所属的行业不同，企业利润计划的内容也有差异，因而编制计划的具体方法也有所不同。

（1）商品销售利润计划的编制

商品销售利润计划的关系式为：

计划商品销售利润额 = 计划商品销售净收入 − 计划商品销售成本 − 计划商品销售费用 − 计划商品销售税金及附加

（2）其他销售利润计划的编制

计算公式为：$\text{计划其他销售利润}=\text{计划其他销售收入}-\text{计划其他销售成本}$

其他业务利润主要指企业在计划期销售材料、固定资产出租、包装物出租、外购商品销售、无形资产转让和提供非工业性劳务等方面取得的收入，扣除其他销售成本后的净额。其他销售利润包括的内容较多，逐项预测比较困难，一般可以在上年其他销售水平的基础上，考虑计划年度影响利润变动的因素综合分析测算计划数额。

（3）销售利润计划的编制

计算公式为：$\text{计划销售利润}=\text{计划商品销售利润}+\text{计划其他销售利润}-\text{计划管理费用}-\text{计划财务费用}$

管理费用的开支范围和开支标准在企业财务制度中有明确规定，有些费用与计划期产销量的增减成正比例变化，如工会经费、劳动保险费、业务招待费和坏账损失等；有些费用与计划期产销量没有直接关系，如诉讼费、存货盘亏等。管理费用的计划数可根据历年的管理费变动情况，并对计划年度的产销状况进行分析后确定。

计划年度企业的财务费用与借款数额密切相关。计划期如果企业借款金额大幅度增加，其借款利息和筹措费用也必然随之增加。所以，可以根据企业计划年度的借款计划，特别是长期借款的计划数来确定企业的财务费用。如果企业在计划年度借款金额增减不多，可以以上年财务费用为基础，考虑利率等变动因素加以调整后作为计划数。

（4）利润总额计划的编制

计算公式为：$\text{计划利润总额}=\text{计划销售利润}+\text{计划投资净收益}+\text{计划营业外收入}-\text{计划营业外支出}$

计划投资净收益指企业在计划期的投资收益扣除投资损失后的余额。它可以根据企业计划年度对外的股票投资、债券投资和其他投资的预期收益及可能发生的投资损失来确定。企业的债券投资收益计划数可根据债券到期应得利息计算后确定。企业的股票投资和其他投资应考虑受资企业的经济状况，来确定计划年度的投资损益数。

营业外收入与营业外支出项目在财务制度中有明确的规定。企业计划年度的营业外收入与营业外支出要结合企业的具体情况确定，不能把一些由于工作失职造成的损失列入营业外支出。对一些事先可以预计的项目，如职工子弟学校和技工学校的经费，公益救济性捐款等应实事求是列入计划，对一些一时难以确定的项目，可以根据上年数字，分析后确定列入计划。

13. 答：为合理组织企业财务活动和正确处理财务关系，企业进行利润分配应遵循以下原则：

（1）依法分配原则。企业的利润分配必须依法进行，这是正确处理各方面利益关系的关键。为规范企业的利润分配行为，国家制定和颁布了若干法规。这些法规规定了利润分配的基本要求、一般程序和重大比例，企业应认真执行，不得违反。

（2）兼顾各方利益原则。收益分配是利用价格形式对社会产品的分配，直接关系到有关各方的切身利益。企业的净利润归投资者所有，是企业的基本制度，也是企业所有者投资于企业的根本动力所在。但企业的利润离不开全体职工的辛勤工作，职工作为利润的直接创造者，除了获得工资及奖金等劳动报酬外，还要以适当方式参与净利润的分配，如提取公益金，用于职工集体福利设施的购建开支等。

（3）分配与积累并重原则。企业提留的盈余公积金和未分配利润主要用于发展生产。没有充分的留存收益，经营和扩大再生产缺乏资金，发展的后劲不足，就降低了抗御风险的能力，也很难保证企业的利润得以不断增长。这样，最终必将损害各方面的根本利益。反之，过高比例的积累，投资者分红少，职工的奖金福利低，也难以增加企业对人们的吸引力。分红的高低对上市公司的股票价格影响也很大。过分强调某个方面的利益对企业都是不利的。

（4）投资与获利对等原则。企业应按投资各方的投资比例分配利润，获利大小与投资比重成正比。企业的投资者在企业中只以其股权比例享有合法权益，不得在企业中谋求私利。企业的经营获利情况应当向所有的投资者及时公开，利润分配方案应交股东大会讨论，并充分尊重中小股东的意见，利润分配的方式应在所有股东之间一视同仁。

14. 答：我国境内的各类企业税后利润都应按照下列顺序分配：

（1）弥补以前年度亏损。指超过用所得税前的利润弥补亏损的法定期限后，用税后利润弥补。

按照税法等有关法规，企业每一年度发生的经营亏损，依法用以后年度实现的税前利润弥补，连续5年不足弥补的，用税后利润弥补，或者经企业董事会或经理办公会审议后，用盈余公积弥补。

（2）提取法定盈余公积金。法定盈余公积金按照净利润扣除弥补以前年度亏损后的10%提取，法定盈余公积金达到注册资本的50%时，可不再提取。

（3）提取法定公益金。法定公益金按照净利润扣除弥补以前年度亏损后的5%～10%提取，主要用于职工宿舍等集体福利设施支出。

（4）提取任意盈余公积金。任意盈余公积金按照公司章程或股东会议决议提取和使用，其目的是为了控制向投资者分配利润的水平以及调整各年利润分配的波动，通过这种方法对投资者分利加以限制和调节。

（5）向投资者分配利润或股利。净利润扣除上述项目后，再加上以前年度的未分配利润，即为可供投资者分配的利润，企业应按投资比例向投资者分配利润或股利。

利润分配必须严格按照上述顺序依次进行，凡是上项内容未分配完成的，不得进行下项内容的分配。

15. 答：为了保护债权人和投资者的利益，国家有关法规如《公司法》对企业利润分配予以一定的硬性限制。这些限制主要体现在以下几个方面：

（1）资本保全约束。资本保全是企业财务管理应遵循的一项重要原则。它要求企业分配的利润必须来源于企业的税后利润，不能以各种形式侵蚀资本金，以此保持较强的偿债能力，保护债权人的合法权益。

（2）资本积累约束。它要求企业在分配利润时，必须按一定的比例和基数提取各种公积金。另外，贯彻“无利不分”原则，即当企业出现年度亏损时，一般不得分配利润。

（3）偿债能力约束。偿债能力指企业按时足额偿付各种到期债务的能力。当企业分配利润后会影响偿还债务和正常经营时，分配利润的数额要受到限制。

（4）超额累积利润约束。对于股份公司而言，由于投资者接受股利交纳的所得税要高于进行股票交易的资本利得所缴纳的税金，因此许多公司可以通过积累利润使股价上涨方式来帮助股东避税。西方许多国家都注意到了这一点，并在法律上明确规定公司不得超额累积利润，一旦公司留存收益超过法律认可的水平，将被加征额外税款。我国法律目前对此尚未作出规定。

16. 答：股东出于对自身利益的考虑，可能对公司的利润分配提出限制、稳定或提高股利发放率等不同意见，包括：

（1）控制权考虑。公司的股利支付率高，必然导致保留盈余减少，这又意味着将来发行新股的可能性加大，而发行新股会稀释公司的控制权。因此，公司的老股东往往主张限制股利的支付，而愿意较多地保留盈余，以防止控制权旁落他人。

（2）避税考虑。一些高收入的股东出于避税考虑（股利收入的所得税高于交易的资本利得税），往往要求限制股利的支付，而较多地保留盈余，以便从股价上涨中获利。

（3）稳定收入考虑。一些股东往往靠定期的股利维持生活，他们要求公司支付稳定的股利，反对公司留存较多的利润。

（4）规避风险考虑。在某些股东看来，通过增加留存收益引起股价上涨而获得的资本利得是有风险的，而目前所得股利是确定的，即便是现在较少的股利，也强于未来较多但是存在较大风险的资本利得，因此他们往往要求较多地支付股利。

17. 答：公司出于长期发展与短期经营考虑，需要综合考虑以下因素，并最终制订出切实可行的分配政策。这些因素主要有：

（1）公司举债能力。如果一个公司举债能力强，能够及时地从资金市场筹措到所需的资金，则有可能采取较为宽松的利润分配政策；而对于一个举债能力较弱的公司而言，则宜保留较多的盈余，因而往往采取较紧的利润分配政策。

（2）未来投资机会。当企业预期未来有较好的投资机会，且预期投资收益率大于投资者期望收益率时，企业经营者会首先考虑将应分配的收益用于再投资，减少分红数额。相反如果企业缺乏良好的投资机会，保留大量盈余会造成资金的闲置，可适当增大分红数额。正因为如此，处于成长中的企业多采取少分多留政策，而陷于经营收缩的企业多采取多分少留政策。

（3）盈余稳定状况。盈余相对稳定的企业对未来取得盈余的可能性预期良好，因此有可能支付比盈余不稳定的企业更高的利润；盈余不稳定的企业由于对未来盈余的把握小，不敢贸然采取多分政策，而较多采取低股利支付率政策。

（4）资产流动状况。较多地分配利润，会减少企业现金持有量，使资产的流动性降低，而保持一定资产流动性是企业经营的基础和必备条件。因此，如果企业的资产流动性差，即使收益可观，也不宜分配过多的利润。

（5）筹资成本。一般而言，将税后利润用于再投资，有利于降低筹资的外在成本，包括再筹资费用和资本的实际支出成本。因此，很多企业在考虑投资分红时，首先将企业的净利润作为筹资的第一选择渠道，特别是在负债资金较多、资金结构欠佳的时期。

（6）其他因素。比如，企业有意地多发股利使股价上涨，使已发行的可转换债券尽快地实现转换，从而达到调整资金结构的目的；再如，通过支付较高股利，刺激公司股价上扬，从而达到反兼并、反收购目的等等。

18. 答：影响利润分配政策的其他因素有：

（1）债务合同限制。企业的债务合同，特别是长期债务合同，往往有限制企业现金支付程度的条款，以保护债权人的利益。通常包括：①未来的股利只能以签订合同之后的利润来发放，也就是说不能以过去的留存收益来发放。②营运资金低于某一特定金额时不得发放股利。③将利润的一部分以偿债基金的形式留存下来。④利息保障倍数低于一定水平时不得支付股利。

（2）通货膨胀。通货膨胀会带来货币购买力水平下降，固定资产重置资金来源不足，此时企业往往不得不考虑留用一定的利润，以便弥补由于货币购买力水平下降而造成的固定资产重置资金缺口。因此，在通货膨胀时期，企业一般采取偏紧的利润分配政策。

19. 答：剩余股利政策指在企业面临良好的投资机会时，根据一定的目标资本结构（最佳资本结构），测算出投资所需增加的投资者权益，先从利润中留出，然后将剩余的利润分配给投资者。剩余股利政策的基本应用程序为：

（1）确定企业目标资本结构，即使综合资本成本最低的投资者权益资本与债务资本的比率。

（2）确定目标资本结构下投资所需增加的投资者收益资本。

（3）最大限度地使用净利润来满足投资所需增加的投资者权益资本。

（4）投资所需增加的投资者权益资本已经满足后若有剩余利润，再将剩余利润分配给投资者。

剩余股利政策的优点是充分利用留存收益这一筹资成本最低的资金来源，保持理想的资本结构，使综合资本成本最低，实现企业价值的长期最大化。其缺陷是：完全遵照执行剩余股利政策，将使利润分配额每年随投资机会和盈利水平的波动而波动，不利于投资者安排收入与支出，也不利于公司树立良好的形象，剩余股利政策一般适用于公司初创阶段。

第八章 财务分析

一、名词解释

1. 财务分析——是企业财务管理的重要方法之一。它以企业财务报告及其他相关资料为主要依据，对企业的财务状况和经营成果进行评价和剖析，反映企业在运营过程中的利弊得失和发展趋势，从而为改进企业财务管理工作和优化经济决策提供重要的财务信息。财务分析既是对已完成的财务活动的总结，又是新一轮财务预测的前提，在财务管理的循环中起着承上启下的作用。

2. 比较分析法——是通过经济指标间数量上的比较，揭示各经济指标间的数量关系和数量差异的一种方法。它的主要作用在于揭示财务活动中的数量关系和存在的差距，从中发现问题，为进一步分析原因、挖掘潜力指明方向。

3. 比率分析法——是通过计算经济指标的比率，确定经济指标的变动程度的分析方法。比率是相对数，采用这种方法，要把分析对比的数值变成相对数，计算出各种比率指标，然后进行比较，从确定的比率差异中发现问题。采用这种分析方法，能够把在某些条件下的不可比指标变为可以比较的指标，以利于进行分析。

4. 预定指标——指企业自身制定的、要求财务工作在某个方面应该达到的目标。

5. 历史标准——指本企业在过去经营中实际完成的标准，它是企业已经达到的实际水平。

6. 行业标准——指本行业内同类企业已经达到的水平。行业内同类企业的标准有两种：一种是先进水平；另一种是平均水平。

7. 公认标准——指经过长期实践经验的总结，为人们共同接受，达到约定俗成程度的某些标准。

8. 趋势分析法——又称水平分析法，是通过对比两期或连续数期财务报告中的相同指标，确定其增减变动的方向、数额和幅度，来说明企业财务状况或经营成果的变动趋势的一种方法。采用这种方法，可以分析引起变化的主要原因、变动的性质，并预测企业未来的发展前景。

9. 定基动态比率——是以某一时期的数额为固定的基期数额而计算出来的动态比率。其计算公式为：定期动态比率 = 分析期数额 ÷ 固定基期数额

10. 环比动态比率——是以每一分析期的前期数额为基期数额而计算出来的动态比率。其计算公式为：环比动态比率 = 分析期数额 ÷ 前期数额

11. 因素分析法——是依据分析指标与其影响因素的关系，从数量上确定各因素对分析指标影响方向和影响程度的一种方法。采用这种方法的出发点在于，当有若干因素对分析指标发生影响作用时，假定其他各个因素都无变化，顺序确定每一个因素单独变化所产生的影响。

12. 连环替代法——是将分析指标分解为各个可以计量的因素，并根据各个因素之间的依存关系，顺序用各因素的比较值（通常即实际值）替代基准值（通常即标准值或计划值），据以测定各因素对分析指标的影响。

13. 差额分析法——是连环替代法的一种简化形式，它是利用各个因素实际数与基数之间的差额，直接计算各个因素对经济

指标差异的影响数值。应用这种方法与应用连环替代法的要求相同，只是在计算上简化一些，所以在实际工作中应用比较广泛。

14. 百分比差额分析法——是连环替代法在实践中的一种简化形式。其分析计算程序如下：第一步，根据经济指标的组成因素，顺序确定相互联系的各指标对基数的完成百分比。第二步，将相互联系的各指标的百分比逐步顺序地进行比较，确定各因素对经济指标影响的百分数。第三步，各个因素对经济指标影响的百分比之和，应同经济指标实际数比计划增减的百分数相符。将各因素影响的百分数乘上经济指标计划数，就可以得到各因素对经济指标影响的绝对数。

15. 分组分析法——是将事物的总体按照有关的标志分成性质上相同的若干组，借以了解事物的结构，认识事物的本质，以便研究和推广先进经验，克服各种缺点，充分挖掘企业内部潜力。其中，分组的标志可以不同对象和不同要求而有所区别。

16. 平衡分析法——是对经济活动中各项具有平衡关系的经济指标进行分析的一种方法，其目的是按照指标间的平衡关系测定各项因素对分析对象的影响程度。

17. 指标分解法——是指利用指标与指标之间的关系，将所要分析的指标分解为两个或两个以上其他指标，据以测定各因素对财务指标的影响的方法。

18. 定基分析法——是在因素之间构成的关系式里，分别用分析值替代标准值，测定各因素对财务指标的影响。

19. 企业偿债能力——是指企业偿还到期债务和本金的能力。企业偿债能力强弱是衡量企业财务状况优劣的非常重要的指标，一般分析企业偿债能力从短期和长期偿还债务的能力进行分析，以便于债权人和投资者更好地了解企业财务状况，供其决策参考。

20. 流动比率——是流动资产和流动负债的比率，它表明一元流动负债有多少流动资产作为偿还保证，反映企业可用在短期内转变为现金的流动资产偿还到期流动负债的能力。

21. 速动比率——是企业速动资产与流动负债的比值。所谓速动资产，是指流动资产减去变现能力较差且不稳定的存货、预付账款、待摊费用、待处理流动资产损失等之后的余额。由于剔除了存货等变现能力较弱且不稳定的资产，因此，速动比率较之流动比率能够更加准确、可靠地评价企业资产的流动性及其偿还短期负债的能力。

22. 长期偿债能力——是指偿还超过一年或一个营业周期的债务能力，即偿还长期负债的能力。对于企业长期债权人和所有者来说，在分析企业短期偿债能力的同时，对长期偿债能力也非常关注，以便全面了解企业的整体偿还债务和应对财务风险的能力。

23. 资产负债率——又称负债比率，指企业负债总额对资产总额的比率。它表明企业资产总额中，债权人提供资金所占的比重，以及企业资产对债权人权益的保障程度。

24. 产权比率——是指负债总额与所有者权益总额的比率，是企业财务结构稳健与否的重要标志，也称资本负债率。它反映企业所有者权益对债权人的保障程度。

25. 已获利息倍数——是指企业一定时期息税前利润与利息支出的比率，反映了获利能力对债务偿付的保证程度。其中，息税前利润总额指利润总额与利息支出的合计数，利息支出指实际支出的借款利息、债券利息等。

26. 所有者权益比率——是所有者权益与资产总额的比率。该比率反映企业资产总额中有多少为投资者所有。

27. 权益乘数——就是所有者权益比率的倒数，即资产总额与所有者权益总额之比。它反映了企业资产总额相当于所有者权益总额的多少倍。

28. 应收账款周转率——它是企业一定时期内主营业务收入净额与平均应收账款余额的比率，是反映应收账款周转速度的指标。

29. 存货周转率——它是企业一定时期主营业务成本与平均存货余额的比率，是反映企业流动资产流动性的一个指标，也是衡量企业生产经营各环节中存货运营效率的一个综合指标。

30. 流动资产周转率——它是企业一定时期主营业务收入净额与平均流动资产总额的比率，是反映企业流动资产周转速度的指标。

31. 固定资产周转率——它是企业一定时期主营业务收入净额与平均固定资产净值的比值，是衡量固定资产利用效果的一项指标。

32. 总资产周转率——它是企业一定时期主营业务收入净额与平均资产总值的比值，可以用来反映企业全部资产的利用效果。

33. 主营业务利润率——是企业一定时期主营业务利润与主营业务收入净额的比率。

34. 成本费用利润率——是指企业一定时期利润总额与成本费用总额的比率。它表明企业为取得利润而付出的代价，从企业支出方面补充评价企业的收益能力。

35. 总资产报酬率——是企业一定时期内获得的报酬总额与平均资产总额的比率。它是反映企业资产综合利用效果的指标，也是衡量企业利用债权人和所有者权益总额所取得盈利的重要指标。

36. 净资产收益率——是企业一定时期内的净收益同平均净

资产的比率。它是反映自有资金投资收益水平的指标，该指标是企业盈利能力指标的核心，而且也是整个财务指标体系的核心。

37. 资本保值增值率——是指企业扣除客观因素后的本年末所有者权益总额与年初所有者权益总额比率，反映了企业当年资本在企业自身努力下的实际增减变动情况，是评价企业财务效益状况的辅助指标。

38. 社会贡献率——是指企业社会贡献总额与平均资产总额的比值，其中企业社会贡献总额包括：工资、劳保退休统筹及其他社会福利支出、利息支出净额、应交或已交的各项税款、附加及福利等。

39. 销售（营业）增长率——是企业本年主营业务收入增长额与上年主营业务收入总额的比率。它反映企业主营业务收入的增减变动情况，是评价企业成长状况和发展能力的重要指标。

40. 资本积累率——是企业本年所有者权益增长额与年初所有者权益的比率。它反映企业当年资本的积累能力，是评价企业发展潜力的重要指标。

41. 总资产增长率——是企业本年总资产增长额同年初资产总额的比率，它反映企业本期资产规模的增长情况。

42. 固定资产成新率——是企业平均固定资产净值与平均固定资产原值的比率，是反映企业所拥有的固定资产的新旧程度的指标。

43. 三年销售平均增长率——是指企业主营业务收入连续三年的增长情况，体现企业的持续发展态势和市场扩张能力。

44. 三年利润平均增长率——是指企业利润连续三年的增长情况与效益稳定的程度。

45. 三年资本平均增长率——是指企业资本连续三年的积累情况，在一定程度上，体现了企业的持续发展水平和发展趋势。

二、填空题

1. 资产负债表分析、利润表分析、现金流量表分析

2. 内部分析、外部分析

3. 比率分析、比较分析

4. 偿债能力分析、获利能力分析、资金周转状况分析、发展趋势分析、综合分析

5. 资产负债表、利润表、现金流量表

6. 资产负债表

7. 利润表

8. 预定指标、历史标准、行业标准、公认标准

9. 重要财务指标的比较、会计报表的比较、会计报表项目构成的比较

10. 定基动态比率

11. 环比动态比率

12. 连环替代法

13. 差额分析法

14. 流动比率、速动比率、现金流动负债比率

15. 资产负债率、产权比率、利息保障倍数、所有者权益比率、权益乘数

16. 流动资产周转指标、固定资产周转指标、总资产周转指标

17. 应收账款周转率、存货周转率、流动资产周转率

18. 主营业务利润率、成本费用利润率、总资产报酬率、净资产收益率、资本保值增值率、社会贡献率、社会积累率

19. 销售（营业）增长率、资本积累率、总资产增长率、固定资产成新率、三年销售平均增长率、三年利润平均增长率、三年资本平均增长率

20. 总资产增长率

三、单项选择题

1. D	2. C	3. A	4. C	5. A
6. B	7. C	8. D	9. B	10. C
11. C	12. D	13. A	14. C	15. B
16. A	17. A	18. B	19. C	20. A
21. A	22. B	23. B	24. A	25. B
26. A	27. C	28. C	29. A	30. D
31. A	32. A			

四、多项选择题

1. ABCD	2. ABCDE	3. AB	4. ACD
5. ABC	6. ADE	7. ABDE	8. ABCDE
9. ACD	10. BC	11. ACDE	12. ABCD

五、判断题

1. ×	2. √	3. √	4. √	5. ×
6. √	7. √	8. ×	9. √	10. ×
11. ×	12. √	13. ×	14. √	15. √
16. ×	17. √	18. ×	19. √	20. √
21. √	22. √	23. ×	24. √	25. ×
26. √	27. √			

六、计算与分析题

1. 解：

（1）计算应收账款周转率：

赊销收入净额 $=20\times80\%=16$（万元）

应收账款平均余额 $=\frac{4.8+1.6}{2}=3.2$（万元）

应收账款周转率 $=\frac{16}{3.2}=5$（次）

（2）计算总资产周转率：

首先，计算期末存货余额。

因为：

$$存货周转率=\frac{销货成本}{存货平均余额}=\frac{销货成本}{\frac{期初存货+期末存货}{2}}$$

所以：

$$期末存款=2\times\frac{销货成本}{存货周转率}-期初存货$$

$$=2\times20\times\frac{1-40\%}{5}-2=2.8（万元）$$

其次，计算期末流动资产总额和期末资产总额。

因为：

$$速动资产\frac{流动资产-存货}{流动负债}$$

$$流动比率=\frac{流动资产}{流动负债}$$

所以：可得出以下两个方程。

$$1.6=\frac{流动资产-2.8}{流动负债}$$

$$2=\frac{流动资产}{流动负债}$$

解上述两个方程，可得出期末流动资产和流动负债分别为：

流动资产 $=14$（万元）

流动负债 = 7（万元）

因此，期末资产总额为：

$$资产总额 = \frac{14}{28\%} = 50\text{（万元）}$$

最后，计算总资产周转率。

$$总资产周转率 = \frac{销售收入}{资产平均占用额} = \frac{销售收入}{\frac{期初资产 + 期末资产}{2}} = \frac{20}{\frac{30+50}{2}} = 0.5$$

（3）计算资产净利率。

首先，计算净利润。

$$净利润 = 销售收入 \times 销售净利率 = 20 \times 16\% = 3.2\text{（万元）}$$

其次，计算资产净利率。

$$资产净利率 = \frac{净利润}{资产平均余额} = \frac{净利润}{\frac{期初资产 + 期末资产}{2}} = \frac{3.2}{\frac{30+50}{2}} = 8\%$$

2. 解：

（1）净利润为：2 000 000 × 5% = 100 000（元）

股东权益为：$\frac{100\ 000}{25\%}$ = 400 000（元）

总资产为：400 000 × 1.8 = 720 000（元）

短期贷款（流动负债）为：$\frac{400\ 000}{2}=200\ 000$（元）

负债总计为：$720\ 000\times\frac{4}{9}=320\ 000$（元）

长期负债为：320 000 − 200 000 = 120 000（元）

流动资产总计为：200 000 × 2.2 = 440 000（元）

应收账款为：$\frac{2\ 000\ 000}{10}=200\ 000$（元）

速动资产为：200 000 × 1.2 = 240 000（元）

现金为：240 000 − 200 000 = 40 000（元）

固定资产为：720 000 − 440 000 = 280 000（元）

根据以上数据，可得出该公司预计 2006 年资产负债简易表如下：

现金	40 000	短期流动负债	200 000
应收账款	200 000	长期负债	120 000
存货	200 000	总负债	320 000
流动资产总计	440 000	股东权益总额	400 000
固定资产总计	280 000		
资产总计	720 000	负债及所有者权益总计	720 000

（2）资产利润率 $=\frac{2\ 000\ 000\times5\%}{720\ 000}=13.89\%$

3. 解：赊销收入净额为：

1 000 ×（1 − 50%）− 1 000 × 5% − 30 = 420（万元）

应收账款平均余额为：

$\frac{120+160}{2}=140$（万元）

应收账款周转次数为：

$$\frac{420}{140}=3\text{（次）}$$

应收账款周转天数为：

$$\frac{140\times360}{420}=120\text{（天）}$$

七、简答题

1. 答：财务分析是企业财务管理的重要方法之一。它以企业财务报告及其他相关资料为主要依据，对企业的财务状况和经营成果进行评价和剖析，反映企业在运营过程中的利弊得失和发展趋势，从而为改进企业财务管理工作和优化经济决策提供重要的财务信息。财务分析既是对已完成的财务活动的总结，又是新一轮财务预测的前提，在财务管理的循环中起着承上启下的作用。做好财务分析工作具有以下重要意义：

（1）财务分析是评价财务状况、衡量经营业绩的重要依据。通过对企业财务报表等核算资料进行分析，可以了解企业偿债能力、营运能力、盈利能力和发展能力，便于企业管理当局及其他报表使用人了解企业财务状况和经营成果，并通过分析将影响财务状况和经营成果的主观因素与客观因素、微观因素与宏观因素区分开来，以划清经济责任，合理评价经营者的工作业绩，并据此奖优罚劣，以促使经营者不断改进工作。

（2）财务分析是挖掘潜力、改进工作、实现财务管理目标的重要手段。企业财务管理的根本目标是努力实现企业价值最大化。通过财务指标的设置和分析，能了解企业的盈利能力和资产周转状况，不断挖掘企业改善财务状况、扩大财务成果的内部潜力，充分认识未被利用的人力资源和物质资源，寻找利用不当的部分及原因，发现进一步提高利用效率的可能性，以便从各方面揭露矛盾、找出差距、寻求措施，促进企业经营理财活动按照企业价值最大化的目标实现良性运行。

(3) 财务分析是合理实施投资决策的重要步骤。投资者及潜在投资者是企业重要的财务报表使用人，通过对企业财务报表的分析，可以了解企业获利能力的高低、偿债能力的强弱、营运能力的大小以及发展能力的增减，可以了解投资后的收益水平和风险程度，从而为投资决策提供必需的信息。

2. 答：不同的财务信息使用者对财务信息的要求不同，各主体单位对企业财务分析的目的也有所不同。

(1) 企业经营管理人员分析的目的。企业经营管理人员是企业生产经营的指挥者和组织者。他们有责任保证企业的全部资产合理使用，并得到保值和增值。在生产经营活动中，他们既要保持企业雄厚的偿债能力和良好的营运能力，又要为投资者赚取较多的利润。因此，他们对企业财务分析的目的与要求是全面的。通过分析，要评价企业前一个时期的经营业绩，如销售收入的多少、利润数额的多少、投资报酬率的高低等；要衡量企业当前的财务状况，如企业财务状况是否稳定、财务结构是否合理、企业资金的余缺情况等；还要预测企业的未来发展趋势，为进行财务决策提高依据。

(2) 企业投资者分析的目的。企业的投资者向企业投入资本，就是企业的所有者。他们的利益与企业的财务成果有着密切的联系，各个投资者在企业中有利共享，有亏共担，因此，他们密切关心企业的经营状况和财务成果。投资者对企业投资后，享有与投资额相适应的权益，可以通过一定的组织形式参与企业的决策，这也需要通过对企业财务活动的分析来评价经营管理人员的业绩，考核他们作为资产的经营者是否称职。投资者还需要通过财务分析，评价企业资产的盈利能力、各种投资的发展前景、投资的风险程度等方面，以作为进行投资决策的依据。

（3）债权人分析的目的。债权人与企业之间存在着借贷关系，对他们借给企业的资金，企业要按期付息，定期还本。债权人的利益与企业的财务成果不挂钩，与企业的关系不如投资者那么密切。尽管如此，企业经营管理的好坏，对银行、原材料供应者、债券持有者等的利益也会有很大的影响。如果企业经营不好，不能及时偿还债务，债权人的资金就会发生困难。如果企业发生亏损，资不抵债，债权人就会发生坏账损失甚至借款无法收回。因此，债权人也需密切关注企业的财务状况、偿债能力，要分析企业资产的流动性、负债对所有者权益的比率等。

（4）政府分析的目的。政府兼具多重身份，既是宏观经济管理者，又是国有企业的所有者和重要的市场参与者，因此，政府对企业财务分析的关注点因身份的不同而异。政府对国有企业投资的目的，除关注投资所产生的社会效应外，还必须对投资的经济效益予以考虑。在谋求资本保全的前提下，期望能够同时带来稳定增长的财政收入。因此，政府考核企业经营理财状况，不仅需要了解企业资金占用的使用效率，预测财政收入增长情况，有效地组织和调整社会资源的配置，而且还要借助财务分析，检查企业是否存在违法违纪、浪费国家财产的问题，最终通过综合分析，对企业的发展后劲以及对社会的贡献程度进行分析考察。

财政、税务、工商等政府部门和单位，关心的是企业是否能遵循各项财务与会计法规、准则办事，会计核算程序是否完整。通过税费的缴纳等方面对企业进行分析，以便取得宏观调控需要的资料。

（5）中介机构分析的目的。会计师事务所作为社会中介机构，要对企业年中、年末的财务报告进行查证、分析，并向投资者和有关单位提供企业经营成果和财务状况的报告。

尽管不同利益主体进行财务分析有着各自不同的侧重点，但就企业总体来看，财务分析可归纳为四个方面：偿债能力分析、营运能力分析、盈利能力分析和发展能力分析。其中，偿债能力是财务目标实现的稳健保证，营运能力是财务目标实现的物质基础，盈利能力是两者共同作用的结果，同时也对两者的增强起着推动作用，四者相辅相成，共同构成企业财务分析的基本内容。

3. 答：按财务分析的对象不同可分为资产负债表分析、利润表分析和现金流量表分析。

（1）资产负债表分析是以资产负债表为对象所进行的财务分析。从财务分析的历史来看，最早的财务分析都是以资产负债表为中心，通过资产负债表可以分析企业资产的流动状况、负债水平、偿还债务能力、企业经营的风险等。

（2）利润表分析是以利润表为对象进行的财务分析。在分析企业的盈利状况和经营成果时，必须要从利润表中获取有关财务资料，而且，即使分析企业的偿债能力，也应结合利润表一同分析。因为，一个企业的偿债能力同其获利能力密切相关。一般而言，企业的获利能力强，偿还债务的能力也强。因此，现代企业财务分析的重心逐渐由资产负债表向利润表进行转移。

（3）现金流量表分析是以现金流量表为对象进行的财务分析。现金流量表是资产负债表与利润表的中介，也是这两张报表的补充。通过现金流量表的分析，可以了解企业资金周转状况，在一定时期内，有多少资金来源，是从何而来，又有多少资金被运用，运用到哪些方面等。这种分析可以了解到企业现金流量的变动情况。

4. 答：按财务分析的主体不同可分为内部分析和外部分析。

（1）内部分析是企业内部管理部门对本企业的生产经营管理、财务状况所进行的分析。这种财务分析，不仅要利用财务会计所提供的会计资料，也要利用管理会计和其他方面所提供的经济资料，是对整个生产经营活动所进行的全面分析。通过这种分析，可以了解企业的财务状况是否良好，生产经营活动是否有效率，存在什么问题等，从而为今后的生产经营提供决策。

（2）外部分析是企业外部的利益集团根据各自的要求对企业进行的财务分析。这种分析，因各自的目的不同，分析的范围也不同。它可以是对企业某一方面进行局部财务分析，也可以是对整个企业的各个方面进行全面的财务分析。例如：债权人常常关心的是贷款的风险，要对企业的偿债能力进行分析；投资者在购买企业股票时，要对企业的获利能力进行分析；而要与企业进行合资经营的人，则要对企业的各个方面进行较为全面地分析。

5. 答：按财务分析的方法不同可分为比率分析和比较分析。

（1）比率分析，是将财务报表中的相关项目进行对比，得出一系列财务比率，以此来揭示企业的财务状况。

（2）比较分析，是将企业本期的财务状况同以前不同时期的财务状况进行对比，从而揭示企业财务状况的变动趋势，这是纵向比较。也可以横向比较，即把本企业的财务状况与同行业平均水平或其他企业进行比较，以了解本企业在同行业中所处的位置，以及财务状况中所存在的问题。

另外，为综合分析企业的财务状况，常常把各种财务指标放在一起进行综合财务分析，综合财务分析最常见的方法是杜邦体系分析。这种分析有利于了解企业财务状况的全貌，但这种分析也常常以比率分析为基础。

6. 答：财务会计报告是财务分析的主要依据，财务会计报告数据的局限性决定了财务分析与评价的局限性。

（1）缺乏可比性。财务分析实际上就是数据资料比较过程，而比较的双方必须具有可比性才有意义。然而，数据是否可比受众多条件的制约，如：计算方法、计价标准、时间跨度、经营规模等。一旦这些条件发生变动，而企业在分析时又未予以考虑，必然会对分析的结果造成不利的影响。

(2) 缺乏可靠性。可靠的数据才能提供可靠的新信息。但财务会计报告的数据是否真实可靠，不仅受制于企业的主观因素及人为因素，而且还受通货膨胀的影响。同时也与会计方法的有效性密切相关。如果通货膨胀严重、会计处理方法不当或者过多地参杂了各种主观因素和人为因素，就必然使财务会计报告的数据缺乏真实可靠性，从而影响财务分析的结果。

(3) 存在滞后性。进行财务分析，不单是为了评价企业以往的财务状况，更主要是在于对企业未来的经营理财活动进行指导和规划。而财务会计报告的各项数据以及其他有关资料大多属于企业的历史资料，有一定的滞后性。如果单纯依据这些资料，而不考虑企业的发展变化情况，其分析结果的有效性会大打折扣，严重时还有可能对企业的决策行为产生误导作用。

7. 答：针对各种局限性，在进行财务分析时，应当采取如下补救措施：

(1) 尽可能去异求同，增强指标的可比性。例如：将不同会计方法的影响差异剔除；将某些特殊的、个别事件和因素剔除；选择同行业同等规模企业进行横向比较。

(2) 企业必须考虑物价变动的影响，并将资金时间价值观念有机地纳入分析过程。

(3) 注意各种指标的综合运用。如定量分析与定性分析相结合，趋势分析与比率分析相结合，横向分析与纵向分析相结合，总量分析与个量分析相结合，静态分析与动态分析相结合，以便取长补短，发挥财务分析的总体功能效应。

(4) 不能仅凭某一项或某几项指标便草率作出结论，而必须将各项指标综合权衡，并结合社会经济环境的变化，以及企业不同时期具体经营理财目标的不同进行系统分析。

（5）不要机械地遵循所谓的标准，而应当善于运用“例外管理”原则，对各种异常现象进行追踪调查和深入剖析。

8. 答：比较分析法是通过经济指标间数量上的比较，揭示各经济指标间的数量关系和数量差异的一种方法。它的主要作用在于揭示财务活动中的数量关系和存在的差距，从中发现问题，为进一步分析原因、挖掘潜力指明方向。比较法有以下三种形式：

（1）实际指标同计划（定额）指标比较。可以揭示实际与计划或定额之间的差异，了解该项指标的计划或定额的完成情况。

（2）本期指标同上期指标或历史最好水平比较。可以确定前后不同时期有关指标的变动情况，了解企业生产经营活动的发展趋势和管理工作的改进情况。

（3）本单位指标同国内外先进单位指标比较。可以找出与先进单位之间差距，推动本单位改善经营管理，赶超先进水平。

运用比较分析法进行比较分析时，要比较两种指标数值：一是绝对数指标比较，说明数额差异，借以了解金额变动情况；二是相对数指标比较，说明百分率差异，借以了解变动程度。

应用比较分析法对同一性质指标进行数量比较时，要注意所利用指标的可比性。比较双方的指标在内容、时间、计算方法、计价标准上，口径应当一致，必要时，对所用的指标可按同一口径进行调整计算。

9. 答：比率分析法是通过计算经济指标的比率，确定经济指标的变动程度的分析方法。比率是相对数，采用这种方法，要把分析对比的数值变成相对数，计算出各种比率指标，然后进行比较，从确定的比率差异中发现问题。采用这种分析方法，能够把在某些条件下的不可比指标变为可以比较的指标，以利于进行分析。比率指标主要有以下三类：

第一类为构成比率，又称结构比率。用以计算某些经济指标的各个组成部分占总体的比重，反映部分与总体的关系。其计算公式为：

构成比重 = 某个组成部分数额 ÷ 总体数额 ×100%

第二类为效率比率，用以计算某项经济活动中所需与所得的比例，反映投入与产出的关系。如成本费用与销售收入的比率，资金占用额与利润的比率等。利用效率比率指标，可以进行得失比较，考察经营成果，评价经济效益水平。

第三类为相关比率，用以计算部分与总体关系、投入与产出关系之外具有相关关系指标的比率，反映有关经济活动的联系。如资产总额与负债总额的比率、流动资产与流动负债的比率、负债与权益的比率等。利用相关比率指标，可以考察有联系的相关业务安排是否合理，以保障生产经营活动能够顺畅运行。相关比率指标在财务分析中应用非常广泛。

采用比率分析法，对比率指标的使用，应注意以下几个问题：

（1）比率指标中的对比指标要有相关性。比率指标从根本上来说都是相关比率指标，对比的指标必须要有关联性，把不相关的指标进行对比是没有意义的。在构成比率中，部分指标必须是总体指标这个大系统中的一个小系统，小系统只能处在这个大系统中，而且必须全部处在这个大系统中，这样才有比较的可能。在效率比较指标中，投入与产出必须有因果关系，费用应是为取得某项收入而花费的费用，收入必须是花费相应的耗资而实现的收入。没有因果关系的得失比较不能说明经济效益水平。

（2）比率指标中的相关指标的计算口径要一致。同比较分析法一样，在同一比率中的两个对比指标在计算时间、计算方法、计算标准上口径也应当一致。有些容易混淆的概念，如营业收入和主营业务收入、销售收入和赊销收入、营业利润和净利润等，使用时必须划清界限。

（3）采用的比率指标要有对比的标准。财务比率能从指标的联系中揭露企业财务活动的内在关系，但它所能提供的只是企业某一时点或某一时期的实际情况。为了说明问题，还需选用一定的标准与之对比，以便对企业的财务状况作出评价。通常用作对比的标准有以下几种情况：预定指标，指企业自身制定的、要求财务工作在某个方面应该达到的目标；历史标准，指本企业在过去经营中实际完成的标准，它是企业已经达到的实际水平；行业标准，指本行业内同类企业已经达到的水平。行业内同类企业的标准有两种：一种是先进水平；另一种是平均水平；公认标准，指经过长期实践经验的总结，为人们共同接受，达到约定俗成程度的某些标准。例如：反映流动资产与流动负债关系的比率，公认为2:1时比较稳妥，因此，2:1即为公认标准。

10. 答：趋势分析法又称水平分析法，是通过对比两期或连续数期财务报告中的相同指标，确定其增减变动的方向、数额和幅度，来说明企业财务状况或经营成果的变动趋势的一种方法。采用这种方法，可以分析引起变化的主要原因、变动的性质，并预测企业未来的发展前景。

趋势分析法的具体运用主要有三种形式：一是重要财务指标的比较；二是会计报表的比较；三是会计报表项目构成的比较。

11. 答：因素分析法是依据分析指标与其影响因素的关系，从数量上确定各因素对分析指标影响方向和影响程度的一种方法。采用这种方法的出发点在于，当有若干因素对分析指标发生影响作用时，假定其他各个因素都无变化，顺序确定每一个因素单独变化所产生的影响。

因素分析法有连环替代法、差额分析法、百分比差额分析法、分组分析法、平衡分析法、指标分解法、定基分析法等。

12. 答：短期偿债能力是指企业偿还流动负债的能力，即一年内（包括一年）或超过一年的一个营业周期内需要偿还的债务。短期偿还能力是指企业流动资产对流动负债及时足额偿还的保证程度，是衡量企业当前财务能力，特别是流动资产变现能力的重要标志。在资产负债表里，流动资产和流动负债成对应关系，也就是说，流动负债要用流动资产来偿付，但流动资产中除了货币资金（包括现金、银行存款、其他货币资金）外还有占很大比例的存货、应收账款、短期投资等，所以分析企业短期偿还债务的能力，除了分析企业货币资金在流动资产中占有多大比例外，还要看其他流动资产的变现能力。

衡量企业短期偿债能力指标主要有流动比率、速动比率和现金流动负债比率等。

流动比率是流动资产和流动负债的比率，它表明一元流动负债有多少流动资产作为偿还保证，反映企业可用在短期内转变为现金的流动资产偿还到期流动负债的能力。其计算公式为：流动比率＝流动资产÷流动负债。

速动比率是企业速动资产与流动负债的比值。所谓速动资产，是指流动资产减去变现能力较差且不稳定的存货、预付账款、待摊费用、待处理流动资产损失等之后的余额。由于剔除了存货等变现能力较弱且不稳定的资产，因此，速动比率较之流动比率能够更加准确、可靠地评价企业资产的流动性及其偿还短期负债的能力。其计算公式为：速动比率＝速动资产÷流动负债。

13. 答：运用流动比率时，必须注意以下几个问题：

（1）虽然流动比率高，企业偿还短期债务的流动资产保证程度越强，但这并不等于说企业已有足够的现金或存款用来偿债。流动比率高也可能是存货积压、应收账款增多且收账期延长，以及待摊费用和待处理财产损失增加所致，而真正可用来偿债的现金和存款却严重短缺。所以，企业应在分析流动比率的基础上，进一步对现金流量加以考察。

（2）从短期债权人的角度看，自然希望流动比率越高越好。但从企业经营角度看，过高的流动比率通常意味着企业闲置现金持有量过多，必然造成企业机会成本的增加和获利能力的降低。因此，企业应尽可能将流动比率维持在不使货币资金闲置的水平。

（3）流动比率是否合理，不同行业、不同企业以及同一企业不同时期的评价标准是不同的，因此，不应用统一的标准来评价各企业流动比率合理与否。

（4）在分析流动比率时，应当剔除一些虚假因素的影响。

14. 答：在实际分析企业偿债能力时，除了资产负债表和利润表计算的各种比率外，有些因素报表中无法反映，也很难通过建立一定的比率关系进行分析，而这些因素又确实影响企业的偿债能力。这些因素是：

（1）租赁活动。企业的租赁活动一般又分为经营租赁和融资租赁。不论是经营租赁还是融资租赁都可以解决因企业资金不足，无法购买固定资产的问题。采取融资租赁取得的固定资产，一方面反映固定资产的增加，另一方面作为长期负债反映在资产负债表中，前面的比率计算也将其包括进去了。但是经营租赁未包括在内，如果企业的经营租赁较多，租赁时间又较长的话，每期的租金支付将对企业的偿债能力产生影响，因此，在分析企业的偿债能力时，别忽视了企业的经营租赁情况。

（2）担保责任。企业之间出于不同的目的，会有替别的企业担保的情况。一般来说，只要被担保企业按期履行合同，担保方就没有风险或责任，但是如果担保方出现财务困难或别的原因不能到期履约，担保方就要承担连带责任，替被担保方履约。因此，担保给企业带来潜在的负债。我们在分析企业偿债能力时应结合企业的担保情况以及可能出现的偿债风险一起分析。

（3）或有事项。或有事项是指在未来某个或几个事件发生或不发生的情况下，会带来的收益或损失，但现在还无法肯定是否发生的项目。所以，或有事项是否发生取决于未来事项是否发生，一旦发生就会影响企业财务状况，进而影响长短期偿债能力。在作比率分析时，或有项目不可小视。

（4）可动用的银行贷款指标。可动用的银行贷款指标是指银行已经同意，企业未办理贷款手续的银行贷款限额。企业如有可动用的银行贷款指标，就可以随时增加企业现金，提高支付能力。由于这一因素报表未披露，在分析时也应给予关注。

15. 答：盈利能力就是企业赚取利润的能力，它通常表现为企业收益数额的大小和水平的高低。由于企业会计的六大要素有机统一于企业资金运动过程，并通过筹资、投资活动取得收入，补偿成本费用，从而实现利润。因此，可以按照会计基本要素设置主营业务利润率、成本费用利润率、总资产报酬率、净资产收益率、资本保值增值率、社会贡献率、社会积累率等指标，藉以评价企业各要素的盈利能力及资本保值增值情况。

16. 答：发展能力是指企业在生存的基础上，扩大规模、壮大实力的潜在能力。反映企业发展能力的指标主要有：销售（营业）增长率、资本积累率、总资产增长率、固定资产成新率、三年销售平均增长率、三年利润平均增长率和三年资本平均增长率等。